KB044411

마케터의 투자법

일상도 취미도 소비도 투자가 됩니다

마케터의 투자법
일상도 취미도 소비도 투자가 됩니다

2021년 6월 1일 초판1쇄 발행

지은이 김석현
펴낸이 권정희
책임편집 김은경
편집팀 이은규
콘텐츠사업부 박선영, 백희경
펴낸곳 ㈜북스톤
주소 서울특별시 성동구 연무장7길 11, 8층
대표전화 02-6463-7000
팩스 02-6499-1706
이메일 info@book-stone.co.kr
출판등록 2015년 1월 2일 제2018-000078호

ISBN 979-11-91211-22-1 (03320)

'쏘스'는 콘텐츠의 맛을 돋우는 소스(sauce), 내 일에 필요한 실용적 소스(source)를 전하는 시리즈입니다. 콕 소스를 찍어먹듯, 사부작 소스를 모으듯 부담 없이 해볼 수 있는 실천 가이드를 담았습니다. 작은 소스에서 전혀 다른 결과물이 나오듯, 쏘스로 조금씩 달라지는 당신을 응원합니다.

북스톤은 세상에 오래 남는 책을 만들고자 합니다. 이에 동참을 원하는 독자 여러분의 아이디어와 원고를 기다리고 있습니다. 책으로 엮기를 원하는 기획이나 원고가 있으신 분은 연락처와 함께 이메일 info@book-stone.co.kr로 보내주세요. 돌에 새기듯, 오래 남는 지혜를 전하는 데 힘쓰겠습니다.

001
마케터의 투자법

sauce
as a
source

내 일에 필요한
소스를 전합니다

김 석 현 지음

넉스톤

세상에 대한 관심, 투자

마케터의 투자법, 다소 거창해 보일 수도 있는 책 제목을 두고 꽤 고민했다. 결론부터 말하자면 나는 투자를 좋아한다. 오랫동안 투자를 해온 개인 투자자이기도 하다. 그렇지만 전문가는 아니기에 호기롭게 '투자법'이라는 이름을 붙여도 되는지 망설일 수밖에 없었다. 특히 요즘처럼 사람들의 관심이 주식에 쏠려 있을 때라면 더더욱. 하지만 투자법이 아닌 '마케터의 투자법'이라면 써도 되지 않을까 싶었다. 내가 투자에 관심 갖게 된 계기도 마케팅을 공부하면서부터니까.

나는 투자라는 자본주의적 행위를 좋아하기도 하지만, 투자를 일종의 공부로 바라본다. 이 책은 본격 투자서라기보다는 내가 마케터로서 어떻게 투자를 공부하고 활용하는지에 대한 이야기에 가깝다. 언젠가 한 번은 써보고 싶던 주제이긴 했지만, 대부분의 일이 그렇듯 선뜻 실행에 옮기기가 어려웠다. 일상적으로 하는 일인데 새삼 글로 쓸 필요가 있나 싶기도 했다. 그러다 코로나19가 터지면서, 하지 않던 소비를 하고, 하지 않던 경험에 눈을 돌리고, 결정적으로 새로운 취미들을 갖게 되면서, 투자에 대한 이야기를 나만의 방식으로 해보고 싶었다. 투자는 변화에서 시작되며, 코로나라는 거대한 변화를 맞아 마케터로서 짚어보고 싶은 지점들도 더 생겨났다.

2021년 내가 추천하는 마케터의 공부법은 바로 '취미'다. '취미까지 공부해야 해?'라고 할지도 모르겠지만 취미야말로 2020년부터 촉발된 한국 사회의 가장 중요한 현상 중 하나다. 나 역시 코로나 이후, 예전에는 즐기지 않던 취미들을 기웃거리기 시작했다. 자전거, 캠핑, 등산, 요가, 반려 식물 키우기 등 종류도 다양했다. 다만 마케터이자 투자자이기에 단순히 취미를 즐기는 데 그치지 않았다. 무엇보다 취미라는 활동 자체를 파고들었다.

취미를 즐기는 과정에서 빼놓을 수 없는 것은 소비다. 소비 없이도 취미는 가능하지만, 대부분의 취미에는 돈이 들어가기 마련이다. 취미에 발을 들이면서 취미는 경제활동 못지않게 에너지가 소요되는 소비활동임을 깨달았으나, 그러한 소비의 세계를 오롯이 경험하고자 일부러 시간과 돈을 아끼지 않았다. 자연스레 해당 소비의 수혜 기업과 산업들도 공부하기 시작했다.

그렇게 난 여행으로 공부하던 마케터에서 취미를 공부하는 마케터가 되었고, 이러한 변화는 내게 또 다른 지식과 경험을 습득하는 동시에 투자 기회를 더 깊게 들여다볼 계기가 되어주었다. 《마케터의 투자법》은 나의 이러한 개인적 경험을 바탕으로 한 콘텐츠다.

이 책을 읽을 독자 분들에게, 노파심에서 몇 가지 이야기하고 싶은 것이 있다.

첫째, 투자법이라는 제목을 붙였지만 사실 투자의 아주 작은 부분을 다루고 있는 원고다. 본격적인 투자를 하려면 공부해야 할 것들이 많다. 이 책은 투자 대상을 발견하는 여러 방법 가운데 소비자와 시장을 관찰하는 마케터의 방식에 집중했다.

둘째, 전작 《마케터의 여행법》 때도 받은 오해인데, 재무적 분석에 관한 내용을 넣지 않은 탓에 마케터의 투자는 재무적 분석이 생략되는 거냐는 질문을 자주 받았다. 물론 그렇지 않다. 기업의 재무적 성과, 현금 흐름, 성장률 등의 지표 확인은 필수다. 투자 대상을 찾는 방식이 조금 다를 뿐이다. 다만 재무적 분석과 관련해서는 이미 시중에 좋은 책이 많이 나와 있기에, 이 책은 누구나 가볍게 읽을 수 있는 투자 관련 콘텐츠가 되었으면 하는 마음에서 의도적으로 배제했다.

셋째, 투자는 성공의 세계이자 실패의 세계다. 나 역시 책에서 언급하지 않은 크고 작은 투자 실패 사례들이 많다. 그저 원고의 맥락에 맞지 않아 포함시키지 않았을 뿐이다. 나를 비롯한 모든 개인 투자자, 아니 워런 버핏을 포함한 모든 투자자는 실수를 한다. 다만 그 실수를 복기하고, 보완하고, 반복하지 않으려 노력하는 과정에서 성장하느냐의 여부가 중요하다고 믿는다.

전작 《마케터의 여행법》을 냈을 때도 그랬지만 SNS 등에 간혹 투자 이야기를 올리면 '어떻게 해야 투자를 잘할 수 있느냐'는 질문을 많이 받는다. 답은 이미 책에도 썼지만, 우선 투자라는 행위를 좋아하는 데서 시작한다고 생각한다. 많은 마케터들이 누가

시키지 않아도 직업병처럼 시장과 소비자를 관찰하듯, 투자라는 프레임을 '세상에 대한 관심'으로 바꾸어봐도 좋을 것이다. 이 책이 그러한 시작에 작게나마 도움이 되기를 바란다.

김석현

자전거,
덕후가 아니어도 투자는 할 수 있으니까

조승연 작가의 유튜브 채널 '조승연의 탐구생활'을 즐겨 본다. 시작한 지 2년도 채 안 된 걸로 아는데 어느덧 100만 구독자를 바라볼 만큼 빠르게 성장한 채널이다. 그의 채널에 최근 '랜선 투어 유럽 자전거 여행'이라는 영상이 올라왔다. 자전거 덕후인 조승연 작가는 영상 앞부분에서 자신이 사이클에 입문한 계기에 대해 이야기한다. 당시 그는 연애를 위해 이탈리아 북부 트렌토 Trento라는 도시에 머물고 있었는데, 조승연 작가보다 먼저 사이클에 입문한 그의 친형이 "트렌토에 살면서 사이클을 타지 않는다는 건 일생일대의 기회를 버리는 것"이라고 조언한 것이 사이클을 탄 이유가 되었다고.

트렌토는 세계 3대 자전거 대회 중 하나인 지로 디탈리아Giro d'Italia의 가장 중요한 언덕 코스가 있는 도시로, 사이클을 즐기는 전 세계 사람들의 성지라고 한다. 비록 평생의 인연을 얻는 데는 실패했지만 대신 사이클이라는 인생의 취미를 얻었다는 조승연 작가. 나 역시 비록 트렌토는 아니어도 유럽에 살면서 사이클을 타지 않았다는 건 일생일대의 기회를 놓친 것이라는 데 크게 공감한다. 서울로 돌아와 코로나 이후에야 사이클을 타기 시작하면서 얻은 뼈아픈 깨달음이자 뒤늦은 후회다.

코로나 이전에도 운동을 통한 자기관리는 거부할 수 없는 거대한 트렌드였다. 사람들은 건강뿐 아니라 때로는 타인에게 과시하기 위해, 때로는 자기만족을 위해, 때로는 원활한 교류의 수단으로 운동을 해왔다. 코로나 이후에도 그러한 니즈는 사라지지 않았다. 그저 운동의 종류와 방식이 달라졌을 뿐. 사람들은 코로나 감염을 우려해 밀집도 높은 실내가 아닌 외부에서 활동하기 시작했고, 실내 체육시설의 운영 중단을 기점으로 그 수요는 비약적으로 증가했다. 해외여행이 어려워지면서 여행이 주는 에너지를 대신할 무언가도 필요했을 것이다. 새로운 재미도 찾고 싶었을 것이고. 그렇게 달리기, 자전거, 등산, 골프, 서핑은 젊은 세대의 폭발적인 지지를 얻는 데 성공했고, 대표적인 아웃도어 운동으로 거듭

낳다. 이른바 #오하운(오늘 하루 운동) 트렌드의 탄생이다.

　나로 말할 것 같으면 주로 실내에서 운동을 해왔지만 밖에 나
갈 일이 점점 줄어드니 일부러라도 아웃도어 운동을 하나쯤은 해
보고 싶었다. 달리기, 자전거, 등산, 골프, 서핑 모두 나름의 매력
이 있고 조금씩은 경험해본 것들이었다. 그러나 취미로 삼기에는
하나같이 시간적, 경제적 비용이 너무 컸다. 선택을 앞두고 조금
신중해졌다. 사실 단순히 취미로 즐기는 거라면 별다른 고민 없
이 그저 나와 가장 잘 맞거나 그중 재미있어 보이는 운동을 고르
면 된다. 하지만 투자 기회를 찾겠다는 부수적인 목표도 놓치고
싶지 않다면, 좀 더 영리하게 몇 가지 요소를 고려할 필요가 있다.
투자라는 행위 자체는 늘 ROI Return on Investment, 즉 투자 대비 성
과를 염두에 둬야 하기 때문이다. 가령 성장세가 빠르고, 해당 취
미로 파생될 수 있는 경제적 규모가 크다면 아무래도 투자 기회
를 찾기가 유리하다. 어렵게 설명하지 않아도 이해할 것이다. 돈을
벌 기회는 돈이 많이 모이는 곳에 존재한다.

　달리기는 접근성도 높고 시장도 크지만, 일단 배제했다. 전작
《외로움을 씁니다》에서 밝혔듯이 나는 뛰기보다 걷기를 좋아한

다. 좀 더 솔직해지자면 뛰는 걸 좋아하지 않는 정도가 아니라 무척이나 싫어한다. 싫어하는 일을 취미로 삼을 수는 없기에 달리기는 탈락.

등산과 골프는 이미 정점을 찍고 쇠퇴하던 와중에 코로나로 인해 젊은 세대가 새롭게 유입된 케이스다. 등산은 아웃도어 용품이 한차례 인기를 끌었고, 그 여파로 영원무역, 영원무역홀딩스 같은 주식들이 투자자들의 관심을 받아 주가가 크게 상승했던 시기를 이미 거친 바 있다. 하지만 아웃도어 열풍이 수그러들면서 이들 주가도 동반 하락했다. 골프 역시 골프 인구가 증가하면서 골프존 같은 기업들의 주가가 한때 급등했지만 현재는 빠진 상태다. 등산과 골프처럼 한 번 주가가 크게 오른 뒤 빠진 산업의 경우, 성장의 규모까지 단언할 수는 없으나 최소한 투자 기회라는 측면에서는 매력적이지 않다고 나는 생각한다. 그래서 등산과 골프도 배제했다.

남은 건 사이클링과 서핑. 서핑은 한국에서 빠르게 성장하고 있으나 한국의 서핑 환경이 해외만큼 좋지 않을뿐더러, 매번 바다로 나가야 하는 만큼 서울에서는 접근성이 낮고, 무엇보다 서핑에서 파생되는 산업 자체가 제한적이라 판단했다. 서핑 보드나 서핑 의류 브랜드 중에서 인기를 얻는 브랜드가 간간히 등장하고는 있으나 아직 상장할 규모는 아니었다. 반면 자전거는 어디서든 탈수 있기에 접근성도 높고, 무엇보다 다양한 종류의 자전거 및 전기 자전거, 자전거 부품, 자전거 용품, 자전거 의류, 자전거 도로등 파생되는 산업의 경제적 규모가 몹시 크다는 점이 끌렸다. 게다가 친환경이라는 코드에도 해당되기에 코로나와 관계없이 앞으로의 성장성을 감안해도 투자 기회를 찾아내기 유리하다고 판단했다. 이에 더해 지인의 로드바이크[1]를 저렴하게 인수할 기회까지생겨서 나는 코로나 시기의 첫 번째 취미로 '자전거'를 택했다. 매우 기꺼이.

장비의 세계에서 찾아낸 투자의 세계

보통 새로운 취미는 장비를 마련하는 것부터 시작된다. 이를 위해서는 충분한 공부가 필요하다. 특히 자전거처럼 장비가 비싼 취미는 구매에 신중을 기해야 하는 만큼 더욱더 공부가 필수다.

의욕적으로 시작했지만 자전거의 세계는 만만치 않았다. 선수용 자전거인 로드바이크, 산악 자전거MTB, 하이브리드 자전거, 브롬톤Brompton으로 대표되는 접이식 미니벨로[2], 브레이크가 없고기어가 고정되어 있는 픽시 자전거, 여기에 전기 자전거까지. 자전거 종류를 정했다고 끝이 아니다. 난생 처음 들어본 브랜드부터 어딘가에서 본 적 있는 자전거까지, 수많은 고민과 선택을 거쳐야 브랜드와 모델을 정할 수 있다. 다만 나는 지인의 로드바이크를 중고로 인수했기에 선택의 고민을 덜 수 있었다. 물론 새로운 자전거 브랜드에 대한 공부는 필수였지만.

장비의 핵심인 자전거를 샀으니 내심 경제적인 부담은 덜할 거라 생각했는데 결과적으로 완벽한 판단 미스였다. 라이더가 되기 위한 경제적 절차는 길고 길었다. 자전거, 특히 장시간 장거리 이동을 기본으로 하는 로드바이크는 기본적으로 갖춰야 할 것들이 너무도 많았다. 딱딱한 안장에 통증 없이(!) 오래 앉아 있으려면 패드가 달린 자전거용 바지는 필수였고, 땀 흡수율이 좋은 자전거용 저지와 내피, 바람막이, 거기에 자전거용 양말, 날씨가 추워지면 입을 방한용 의류들이 추가로 필요했다.

당연히 옷이 전부는 아니다. 가장 기본으로는 몸을 보호하기 위한 헬멧, 장갑, 고글을 장만해야 한다. 사고를 낮추기 위한 전조등과 후미등, 도난방지를 위한 자전거 자물쇠, 유사시를 대비한 휴대용 공구, 공구를 담을 공구통까지. 조금 더 욕심을 내자면 페달링 효율을 높여주는 자전거용 클릿 슈즈와 신발에 넣을 인솔, 속도계, 이동 시 먹을 에너지 바와 에너지 젤, 이 모든 것을 담을 새들백. 장거리 주행을 하고 나면 타이어의 공기압이 빠지는 만큼 에어펌프도 필수다. 심지어 이게 끝이 아니었다. 자전거 관련용품에는 소모품도 많았다. 마모된 타이어, 밴드 그립, 자전거의 유지관리를 위한 체인 오일 및 세척용품들까지. 타이어 튜브가 펑크나면 정비 비용이, 주기적으로는 세척 비용이 소요된다.

필요한 모든 걸 구비했다고 자신했지만, 역시 개미지옥이라는 명성답게 자전거와 관련된 소비는 끝도 없이 이어졌다. 자전거를 계속 타다 보니 좀 더 빨리 잘 타고 싶다는 욕심이 생겼고 자전거 피팅센터라는 든든한 존재를 알게 되었다. 피팅은 라이더의 신체 조건을 측정해서 핸들의 높이나 각도, 안장의 위치 등을 정교하게 조절해주는 작업인데, 장시간 라이딩을 해야 하는 로드바이크의 경우 몸에 가해지는 부담을 최소화하려면 피팅은 필수였다. 그 비용 역시 20만~30만 원 수준으로 낮지 않았다. 피팅센터는 일종의 그룹 혹은 개인 트레이닝 센터[3]도 겸하기에 피팅을 받으러 갔다가 혹해서 일대일 레슨까지 등록했고 페달링부터 배우기 시작했다. 즉 예상에 없던 레슨비가 추가로 발생했다.

더 큰 문제는 센터를 다니면 그곳에 오는 고수들의 자전거를 계속 보게 된다는 점이다. 물론 한강에서 라이딩하는 중에도 다

21

1장 _ 자전거, 덕후가 아니어도 투자는 할 수 있으니까

른 사람들의 자전거를 보지만 센터에서는 좀 더 찬찬히 살펴볼 수 있다. 그 과정에서 소위 말하는 기변[4]의 욕망이 샘솟기 시작한다. 취미로서 자전거가 무서운 점은 의외로 신체 조건의 영향을 그리 많이 받지 않는 운동이라는 사실이다. 즉 아마추어 레벨에서는 (절대적인 건 아니지만) 성별이나 나이, 체격보다는 연습량과 자전거의 성능이 라이더의 실력을 좌우한다. 그렇기에 라이딩을 좋아하게 될수록 상위 모델의 자전거에 눈이 가기 마련이다. 어쩔수 없다.

기변에 눈을 뜨면 이때부터 본격적으로 자전거 브랜드 및 부품들에 관한 공부가 시작된다. 공부는 주로 유튜브를 통해 이루어진다. 관련 책도 찾아보고 나보다 먼저 이 길을 걸어간 선각자들의 조언도 구하게 된다. 가령 독일 브랜드 캐니언Canyon은 세계 최고의 기술력을 갖춘 자전거이지만, 자사의 웹사이트에서 소비자에게 직접 판매하는 유통구조 덕분에 상대적으로 가성비가 높다. 그 혁신성을 인정받아 사모펀드[5]로부터 투자도 받았다. 성능과 심미성을 모두 잡아 '자전거계의 페라리'라 불리는 이탈리아의 피나렐로Pinarello는 심지어 2016년 루이비통의 모기업이자 세계 최대 명품그룹 LVMH[6]에 인수되었다. 자전거에 대한 공부를 하면서 자연히 이런 고가의 브랜드들에 눈을 뜨기 시작했다. 다행히 아직 기변을 하지는 않았지만 그럼에도 자전거는 이미 처음의 예상과 달리 꽤 비싼 취미가 되어버렸다. 연습과 학습에 상당한 시간까지 들인 건 덤이었다.

하지만 들인 돈과 시간이 많다는 게 반드시 나쁜 것만은 아니다. 돈과 시간을 투자했다는 것은 그만큼 연관 산업 규모가 크고 거기서 발견할 수 있는 기회도 많다는 의미다. 유럽에서는 이미 취미인 자전거를 업의 영역으로 끌어올린 사람들을 심심치 않게 볼 수 있다. 자전거 정비소가 대표적인 예다. 자전거를 수리하는 공간을 기본으로 카페나 펍을 겸하기도 하고, 일부는 자체 브랜드로 자전거를 조립하여 판매하기도 한다. 자연스럽게 동호인들 간의 커뮤니티 역할을 수행하는 숍도 많다.

현재 최고의 자전거 패션 브랜드로 평가받는 라파Rapha[7]는 사이클이라는 취미가 돈이 된 대표적 사례다. 자전거 애호가였던 영국의 브랜딩 컨설턴트 사이먼 모트람은 2004년 라파를 창업하면서 기존 자전거 의류들과는 대조적으로 미니멀리즘에 가까운 디자인을 특징으로 내세웠다. 특히 라파는 마리노 울 같은 고급 소재를 사용하는 것으로 유명하다. 이후 라파는 단순한 패션 브랜드를 넘어 세계에서 가장 큰 자전거 커뮤니티RCC이자, 독일의 혁신적 자전거 제조업체 캐니언 및 미국의 자전거 구동계 기업 스램SRAM과 협업하는 일종의 사이클링 플랫폼으로 성장했다. 지속적으로 성장을 이어가던 라파는 2017년 약 3000억 원에 사모펀드[8]에 매각되었다.

한국에서도 자전거의 인기가 높아지면서 자신이 좋아하는 자전거 용품이나 패션 브랜드를 수입해 판매하거나, 천호동의 '제3보급소'처럼 자전거 정비소 겸 카페를 운영하는 자전거 애호가들이 등장하기 시작했다.

물론 내 경우는 취미를 사업과 연결시킬 의지도 능력도 없기에 개인 투자와 연결하는 데 그치곤 한다. 사실 자전거 역시 골프나 등산 못지않게 개인 투자자들에게 각광받던 시기가 있었다. 과거 이명박 정부 때 4대강 개발의 일환으로 자전거 도로가 만들어지면서 시장에 기대감이 조성되었고, 국내 대표 자전거 제조기업인 삼천리 자전거, 알톤 스포츠가 수혜를 입었다.

다만 당시의 주가 상승은 정책에 대한 기대감 때문이지 실제 실적 개선을 바탕으로 한 것은 아니었다. 반면 내가 관심을 둔 종목들은 자전거라는 취미로 그 진가를 알게 된 회사들의 주식이었다. 바로 도쿄 증시에 상장된 시마노Shimano와 타이페이 증시에 상장된 자이언트Giant Manufacturing다. 둘 다 워낙 유명해서 유망한 기업이라는 사실은 예전부터 알고 있었으나, 아무 걱정 없이 장기 투자를 해도 되겠다는 확신이 든 건 자전거라는 취미에 발을 들인 이후다.

소리 없는 강자, 시마노와 자이언트

우선 시마노에 관해 얘기해보자. 오사카에 본사를 둔 시마노는 자전거 부품, 낚시, 조정 용품에서 세계적인 경쟁력을 지닌 회사다. 이 중에서도 시마노의 주력 아이템은 자전거 부품인데, 매출 기준으로 전 세계 시장의 70~80%를 장악하고 있는 사실상 독점 기업이다. 구동계부터 휠, 페달, 브레이크, 안장 등 자전거에 필요한 거의 모든 부품을 생산하며 그 외에 각종 소모품, 자전거 의류 및 용품까지 만든다.

시마노는 모든 제품 카테고리에서 세계 최고의 기술력을 갖추고 있는데도 합리적인 가격으로 명성이 높다. 특히 자전거에서 가장 중요한 (그리고 가장 비싼) 부품인 구동계는 시마노의 기술력과 경쟁력의 상징이다. 구동계란 페달 밟는 힘을 바퀴의 회전으로 전환하는 시스템에 해당되는 크랭크와 체인, 프리휠을 의미하며, 시마노(일본), 캄포놀로Campagnolo(이탈리아), 스램(미국), 이 3개의 브랜드가 시장을 독식하고 있다. 이 중에서도 시마노의 시장점유율이 압도적인 이유는 성능, 내구성, 호환성, 가성비 측면에서 경쟁사들이 따라갈 수 없기 때문이다. 시마노는 자전거를 타면서 내구성의 중요성을 느끼고, 부품을 교체하는 과정에서 호환성을 체감하고, 중고로 판매하는 과정에서 가격 보전을 경험한 후에야 그 진정한 매력(가치)을 실감할 수 있다. 자전거, 낚시, 조정 등 레저 산업에 집중한다는 점, B2B와 B2C를 모두 커버하고 있다는 점에서 시마노는 코로나 후에도 별다른 타격 없이 성장할 기업이라 판단된다.

자전거 부품에 집중하는 시마노와 달리 자이언트는 자전거 완성차 판매를 주력으로 한다. 대만 기업인 자이언트는 시장점유율, 매출, 생산 대수 등 모든 면에서 세계 1등인 세계 최대 자전거 제조업체. 자체 브랜드뿐 아니라 콜나고Colnago, 스페셜라이즈드Specialized, 트렉Trek 등 유럽 및 미국의 럭셔리 자전거 브랜드의 제품을 OEM으로 생산하고 있다. 즉 시마노와 마찬가지로 가성비로 유명하지만 세계 최고 수준의 기술력을 보유한 B2B/B2C 기업이다.

자전거를 처음 타기 시작했을 때는 내심 대만 브랜드라고 높게

쳐주지 않았는데, 막상 자전거를 타다 보니 고수들 가운데 자이언트 제품을 타는 사람들이 은근히 많았다. 기술력이 떨어지는 것도 아니고 가성비가 높으니 사양만 보고 자이언트를 택하는 것이다. 최고가 자전거를 사려면 1000만 원을 훌쩍 넘어가는데 자이언트라면 같은 부품으로 구성된 자전거라 해도 수백만 원 정도에 구매할 수 있으니 합리적인 선택이다. 이 또한 실제 자전거를 타면서 다른 사람들의 자전거 소비를 관찰하지 않았더라면 지나쳤을 부분이다.

자이언트의 자전거는 종종 방송이나 영화에 협찬으로 등장하기도 하는데, 한국에서는 예능 프로그램 〈1박2일〉과 〈개그콘서트〉에서 본 적이 있다. 개인적으로는 〈남극의 셰프〉라는 일본 영화의 등장 인물들이 남극[9]에서 자이언트 자전거를 타는 장면이 가장 인상적이었다.

시마노와 자이언트, 두 기업 모두 코로나 이후 몇 년 동안 정체되어 있던 주가가 슬그머니 오르기 시작했다. 자전거 부품을 생산하는 시마노, 자체 브랜드와 OEM 비즈니스를 겸하는 자이언트 모두 과점 기업이기에 자전거 산업의 성장과 비례하여 매출이 증가한 것이다. 게다가 자전거는 친환경 트렌드에도 부합되고 향후

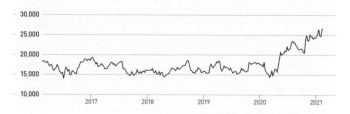

SHIMANO INC.
TYO: 7309

26,190 JPY

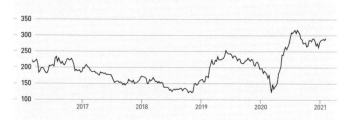

Giant Manufacturing Co Ltd
TPE: 9921

282.00 TWD

오랫동안 박스권에 정체되어 있던 시마노와 자이언트의 주가는 2020년 코로나19를 기점
으로 상승했다.

전기 자전거가 성장할 여력이 있는 만큼, 제조업의 특성상 급격한 주가 상승은 기대하기 어렵다 해도 코로나 종식 후에도 주가가 급락할 리스크는 그리 높지 않아 보인다.

지금의 자전거는 그때의 자전거와 다르다

얼핏 보면 자전거 산업은 큰 혁신은 기대하기 힘든 전통산업처럼 보인다. 얼마 전까지만 하더라도 한국에서는 소위 '아재'들의 취미생활이라는 낙인이 찍혀 더 그렇게 느꼈을지도 모르겠다. 그런데 막상 자전거를 타면서부터는 오히려 그 덕에 이런저런 최신 기술과 서비스들을 접하게 되었다.

대표적으로 스트라바Strava와 젠리Zenly가 있다. 스트라바는 일명 운동하는 사람들의 SNS로, GPS를 기반으로 자전거를 타거나 달릴 때의 이동 거리, 구간, 시간 등이 기록되고 이를 지인들과 공유할 수 있다. 2009년 미국에서 사업을 시작한 스트라바는 코로나를 기점으로 월 신규 가입자가 200만 명에 달할 만큼 급격히 성장하면서 2020년 11월, 1000억 원이 넘는 투자를 유치했다.

더 신기한 건 젠리다. 젠리는 주로 10대들 사이에서 친구들끼리 위치를 확인하는 용도로 쓰는 위치기반 SNS인데 이걸 한국에서는 자전거 타는 중년 남성들이 사용하기 시작한 것이다. 자전거를

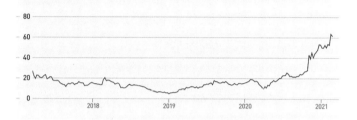

Snap INC.
NYSE: SNAP

62.72 USD

침체기를 겪던 스냅은 실적 개선과 젠리의 인기로 단기간에 주가 반등에 성공했다.

타다 보면 일행과 떨어지는 경우가 잦은데 이때 서로의 위치를 확인하기 위해 젠리를 사용한 것. 프랑스 스타트업인 젠리는 2017년, 스트라바와 마찬가지로 10대에게 인기 높은 SNS인 스냅챗을 운영하는 스냅에 약 3000억 원에 인수되었다. 한때 위기에 몰렸던 스냅은 창업자 에반 스피겔의 노력으로 실적을 개선했고 인수한 젠리까지 빠르게 성장한 덕분에 주가 반등에 성공했다. 사실 반등 정도가 아니라 2년 만에 주가가 10배 이상 상승했으니 크게 역전한 셈이다. 참고로 스냅은 미국의 경영지 〈패스트컴퍼니〉가 선정한 2020년 세계에서 가장 혁신적인 기업 1위에 오른 바 있다.

젠리를 높이 평가한다면 뉴욕 증시에 상장된 스냅에 투자하는 것도 방법이다.

상장 예정 주식 1

펠로톤Peloton 또한 대표적인 코로나 수혜주로 꼽힌다. 펠로톤은 일명 '피트니스계의 넷플릭스'라 불리는데, 모니터가 장착된 실내용 자전거를 판매하면서 스피닝10을 중심으로 한 다양한 운동 코칭 콘텐츠를 구독형태로 제공하는 스타트업이다. 개인적으로는 펠로톤이 상장하기 훨씬 전부터 관심을 갖고 있었는데 상장 직후 코로나가 발발해 주가가 큰 폭으로 상승했다. 만약 펠로톤에 대한 투자 기회를 놓쳐 아쉬워하고 있다면, 2021년 연말 상장할 것으로 예상되는 즈위프트Zwift가 대안이 될 수 있다.

즈위프트는 고정로라11에 센서를 연결해 모니터를 통해 가상 라이딩을 할 수 있는 일종의 자전거 시뮬레이션 게임이다. 사실 자전거를 취미로 하는 사람들은 대부분 펠로톤을 타지 않는다. 대신 자신의 자전거를 로라와 즈위프트에 연동해 탄

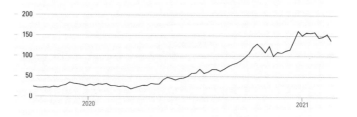

Peloton Interactive Inc
NASDAQ: PTON

139.23 USD

'피트니스계의 넷플릭스' 펠로톤은 대표적인 코로나 수혜주로 꼽힌다.

다. 특히 자전거를 타기 어려운 겨울철이 되면 실내에서 훈련 용으로 즈위프트를 사용하는 이들이 많다. 즈위프트는 상당 히 현실감 있게 만들어졌을뿐더러, 실제 유명 자전거 코스들 을 경험할 수도 있고 온라인으로 접속한 전 세계 플레이어들 과 경쟁할 수 있다는 점에서 자전거 애호가들 사이에서 큰 인기를 얻고 있다. 유튜브에서도 즈위프트 플레이 영상[12]을 쉽게 볼 수 있다.

아직까지 자전거라는 취미가 내게 일생일대의 기회가 되었는지는 모르겠다. 다만 일생일대의 경험이 된 것만은 분명하다. 자전거에 재미를 붙이지 않았더라면 '겨울철 훈련'이라는 니즈를 알지 못했을 것이고, 센터에서 레슨을 받으며 즈위프트의 저력을 경험할 수도 없었을 것이다. 자기 정당화로 보일 수 있겠지만 소비를 통한 경험은 분명 투자에 도움이 된다. 최소한 나는 그렇게 믿는다. 아니, 믿고 싶다.

2장

집,
취미도 일도 휴식도 모두 이곳에서

9시 신데렐라. 사회적 거리 두기 2.5단계가 길게 이어지자 각종 언론에서는 저녁 9시면 집에 가야 하는 손님들의 모습을 '9시 신데렐라'에 비유했다. 사람들 사이에서는 자영업자도 힘들었겠지만 일찍 일어나야 하는 우리도 힘들다며 '9시 통금'이라는 웃픈 하소연도 나왔다.

내 경우에는 일상으로만 한정한다면 코로나 시대의 라이프스타일이 그리 불편하진 않았다. 정확히 말하자면 이렇다 할 변화가 없었다. 난 원래부터 저녁 약속이 많지 않고, 집에 있는 시간이 긴 사람이니까. 예전과 다른 점이라면 대부분의 사람들이 나와 비슷한 라이프스타일을 갖게 되었다는 것이랄까? 덕분에 나만 도태되거나 열심히 살고 있지 않다는 죄책감 없이, 집에서 뒹구는 일상을 비교적 마음 편히 유지할 수 있었다.

좋아하는 것을 사들이고, 좋아하는 것에 투자한다

그러나 좋은 것이든 나쁜 것이든, 변하지 않는 것은 많지 않다. 재택근무가 길어지고 약속이 사라지면서 집에 익숙한 나에게조차 '집'은 새롭게 적응해야 할 공간으로 변했다. 집에 머무는 절대적 시간이 늘어나자 어느 순간 집이 불편해지기 시작했다. 잠자는 시간을 제외하고 하루 3시간 생활할 수 있는 정도의 인프라가 갖춰진 공간에서 12시간 넘게 지내면서 느끼는 당연한 현상이었다. 나에게는 집이면서도 집이 아닌 공간이 필요했다. 결단을 내려야 할 순간이 다가왔고 그렇게 이사를 단행했다.

집을 구할 때 최우선 기준은 '옥상'의 존재 여부였다. 여행은 갈수 없고 캠핑이 내키지 않는 서울 시민이 내릴 수 있는 가장 합리적인 선택 중 하나가 옥상 있는 집이었다. (물론 치안은 또 다른 차원의 이슈이긴 하다.) 옥상에서 음악을 들으면서 커피와 차도 내려 마시고, 술도 마시고, 책도 읽고, 밤에는 영화도 볼 요량이었다. 게다가 코로나 시기 서울은 미세먼지의 피해가 덜했던 만큼 옥상이라는 공간의 활용도는 높아 보였다. 다른 조건들에 대한 까다로움을 내려놓은 결과, 단독으로 쓸 수 있는 8평 옥상이 딸린 그리 넓지 않은 집을 곧 찾을 수 있었다.

집돌이에 가까운 나에게 가장 중요한 집의 기능은 취미를 즐길 수 있느냐, 놀이공간이 될 수 있느냐였다. 재택근무가 늘어나면서 업무공간의 역할이 추가되긴 했지만, 최대한 취미생활 위주로 집의 인프라를 구축하고자 했다. 우선은 옥상이었다. 옥상에 인조잔디를 깔고, 캠핑용 접이식 의자와 롤테이블에 랜턴까지 마련했다. 하얀 벽으로 둘러싸인 옥상은 프로젝터를 쏘기에 최적화된 공간이다 싶어 엘지전자의 초단초점 프로젝터, 보스Bose의 블루투스 스피커를 구매했다.

옥상 다음은 집 내부였다. 읽고 쓰는 행위는 꽤 중요하다 보니 오피스에서 사용하는 것과 동일한 허먼밀러Herman Miller의 뉴에어론 체어를, 휴식용으로 무인양품의 리클라이너 소파를 구입했다. 소파는 운 좋게 매장의 디스플레이 제품을 40% 할인된 가격에 살 수 있었다. 전자는 무언가를 쓸 때, 후자는 널브러져서 무언가를 읽을 때 유용했다. 덕분에 웹툰, 웹소설, 만화책, 영화, 미드, 일드 같은 콘텐츠 소비가 크게 늘었다. 구독하는 플랫폼만 하더라도 밀리의서재, 리디셀렉트, 퍼블리, 폴인, 넷플릭스, 왓챠 등

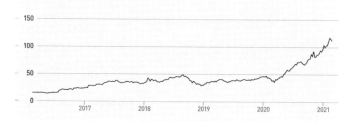

Logitech International SA
NASDAQ: LOGI

113.02 USD

150	
100	
50	
0	
2017 2018 2019 2020 2021	

화상회의 증가로 로지텍 웹캠 주문이 밀리던 2020년, 그때가 로지텍 주식 매수 찬스였다.

으로 늘어났다. 여기에 네이버 웹툰, 네이버 시리즈, 카카오페이지, 문피아, 리디북스에서 건 바이 건 결제 또한 크게 증가했다.

커피와 술을 좀 더 편하게 마시기 위해 리클라이너 소파 높이에 맞는 탁자도 갖췄다. 드립 커피 기기, 전동 그라인더, 와인 글라스도 추가되었다. 샤워도우로 바게트와 치아바타를 맛있게 구워내는 동네 빵집을 찾은 참에 벼르고 있던 발뮤다Balmuda 토스터도 장만했다. 요가매트, 폼롤러, 요가링, 코르크로 만든 요가 블록도 이번 기회에 새로 주문했다.

줌과 페이스타임 사용이 늘면서 로지텍의 고급형 웹캠도 구매

목록에 저장했다가, 재택근무 중 화상회의 증가로 주문량이 폭주해 두 달 이상 기다려야 한다고 해서 포기했다. 아뿔싸, 이때가 로지텍 주식 매수 찬스였다. 본업이 바쁜 시기에는 아무래도 눈앞의 찬스를 놓치곤 한다. 치밀한 관찰 못지않게 '일상의 여유'도 투자자에게 필요한 덕목이 아닐까.

이 모든 것은 당연히 나 한 명만의 변화는 아니었을 것이다. 대부분의 트렌드 책에서도 이러한 사회적 변화를 잡아냈다. '레이어드 홈Omni-layered Home'이라는 트렌드로 집이라는 공간의 기능이 의식주뿐 아니라 업무, 휴식, 놀이 등으로 확장된 현상을 풀어내거나,[13] '집으로 돌아온 의무, 휴식, 놀이'라는 명칭으로 동일한 트렌드를 설명한다.[14] 쉽게 말해 사람들은 집에서 예전보다 다양한 일을 하고 많은 시간을 보내기 시작했으며, 이와 관련된 소비도 늘어나고 있다.

소비의 영역 또한 확장되었다. 내 경우에는 가족 외의 사람들과 교류가 줄어든 것을 상쇄할 무언가가 필요했다. 약속이 많지 않은 사람이라 해서 허전함을 느끼지 않는 건 아니니까. 물론 SNS, 줌 등의 비대면 소통이 해소해주는 부분도 있지만, 코로나가 길어지자 살아 있는 존재와의 대면(!)이 아쉬웠다. 쉽게 떠오른 건 반려

동물이지만 강아지는 손이 너무 많이 가고 고양이는 알러지가 있다. 게다가 막중한 책임도 따른다. 내 선택은 반려식물이었다. 막상 키워보니 예상보다는 신경 쓸 일이 많았지만 키우는 재미가 제법 좋았고, 살아 있는 식물로 공간을 채워가는 기분이 나쁘지 않았다. 올리브 나무, 블루베리 나무, 보스톤 고사리, 아레카야자, 구아바 나무, 레몬오렌지 나무, 피어리스 등 하나둘씩 키우기 시작한 반려식물이 어느새 10개를 넘어섰다. 블루베리 나무는 추위에도 강해 유일하게 한겨울에도 옥상에 내놓고 키우고 있다. 실내에서 키우기에는 너무 크기도 하고.

인프라가 충분히 갖춰지자 자연스럽게 집에서 즐기는 취미의 만족도도 크게 높아졌다. 편한 의자와 소파 덕분에 예전보다 많이 읽고 많이 썼으며, 프로젝터로 더 많은 영상 콘텐츠를 소비하게 되었다. 즐겁게 먹고 마셨으며, 랜선 요가도 꾸준히 할 수 있었다. 키우는 식물들에 애정이 생기면서 식물 하나하나를 공부해가는 재미 역시 쏠쏠했다. 원치는 않았으나 과습의 무서움, 뿌리파리의 집요함, 흰솜깍지벌레 분비물의 끈끈함도 알게 되었다. 그러다 어느 순간 인지하게 되었다. 코로나로 인해 집과 관련된 나의 소비와 라이프스타일이 사뭇 변했다는 사실을. 집과 관련된 소비의 절대 금액도 늘어났지만 앞서 말했듯 예전에는 소비하지 않았던 영역에서의 소비가 일어났다. 내가 반려식물을 키울 거라고는 상상조차 하지 못했으니까.

변화의 수혜를 누리는 '누군가'를 찾아서

마케터는 늘 소비를 관찰해야 하는 직업이다. 여기에는 나 자신의 소비도 포함된다. 다만 그에 머물러서는 안 된다. 나의 소비패턴이 변했음을 인지했다면, 그 변화가 나에게만 국한되는지 일반화할 수 있는 사회적 현상인지를 우선 확인해야 한다. 후자일 경우 투자 기회로도 이어질 수 있다. 변화의 수혜를 누리는 기업은 분명 존재한다.

물론 이번 경우는 후자에 해당되었다. 코로나로 집에서 보내는 시간이 늘어난 것은 우리 모두가 겪는 사회적 현상이었으니.

수혜 기업을 찾기 위해서는 자신의 소비가 어떤 카테고리에서 주로 발생하는지 확인해보아야 할 것이다.

일단 가구와 인테리어 소품의 소비가 눈에 띄게 증가했다. 집과 관련된 가장 기본적인 소비. 가구 제조업체나 인테리어 관련 회사들이 가장 큰 수혜 기업일 거라는 생각이 자연스럽게 들었다.

그중에서도 먼저 떠오른 건 세계 최대 가구회사인 이케아IKEA, 한국에서는 인테리어 플랫폼 '오늘의집'을 운영하며 최근 770억 원 규모의 시리즈 C 투자를 받은 한국의 스타트업 버킷플레이스가 떠올랐다. 나 역시 애용하는 브랜드와 서비스이지만 아쉽게도 둘 다 비상장 회사이기에 나 같은 개인 투자자에게는 기회가 없었다.

물론 상장된 가구나 인테리어 회사들도 적지 않다. 대표적으로 한국에는 한샘(인테리어), 현대리바트(가구), 시디즈(의자), 듀오백(의자) 등이 있고, 미국의 경우 북미 최대 건축자재 및 인테리어 디자인 도구 판매업체인 홈디포Home Depot, 가구 및 가정용품 전자상거래 업체 웨이페어Wayfair, 워런 버핏이 투자한 것으로 화제가 된 고급 가구 전문점 RHRestoration Hardware, 의자에 특히 강점이 있는 가구 제조업체 허먼밀러 등이 증시에 상장되어 있었다.

내가 집과 관련된 소비 증가를 인지했을 때는 코로나로 급락한 전 세계 증시가 미처 회복되지 않은 상황이라 투자하기 나쁘지 않은 시점이었다. 문제는 가구나 인테리어 관련 시장, 브랜드, 소비자에 관한 내 지식과 경험이 그리 깊지 않다는 점이었다. 관련 기업에 근무해본 적도 없고, 그렇다고 관여도 높은 소비자도 아니었다. 투자하는 마케터의 강점은 해당 카테고리에 관한 지식이 풍부할 때 발현된다. 그래야만 소비자 관점에서, 때로는 브랜드 관점에서 다른 사람들과 차별화된 시각으로 유망한 종목을 골라낼 수 있기 때문이다. 관련 지식과 경험 없이 속성으로 공부한다고 한들, 남들이 보는 시장의 기회, 그 이상을 찾기에는 한계가 있다.

어쩌면 이런 때 가장 합리적이고 안전한 선택은 다수의 관련 기업들에 조금씩 분산투자를 하거나 관련 ETF를 매수하는 것이다. 하지만 나는 이러한 투자 방식을 선호하지는 않는다. 내가 좋아하지 않는, 때로는 싫어하는 기업의 주식까지 보유해야 하기 때문이다.

투자하는 마케터로서 만끽할 수 있는 재미 중 하나는 내가 좋아하는 브랜드나 기업의 주식들을 조금씩 모아가는 데 있다고 생각한다. 좋아하지 않는 브랜드의 제품은 갖고 있기 싫은 것처럼, 좋은 기업이라 생각지 않는 기업의 주식은 소유하고 싶지 않다. 이러한 투자 방식은 일종의 심리적 결벽증(?)일 수도 있고, 수익률을 낮추는 고집일 수도 있다. 그럼에도 장기적으로 스트레스 받지 않고 투자를 지속하려면 내 마음을 가장 편하게 해주는 자기만의 투자 원칙을 고수하는 편이 좋다고 믿는다. 투자 역시 삶의 일부이니까. 분산투자 자체를 싫어하는 것은 아니다. 그저 좋아하는 기업들에 투자하는 것만으로도 내게는 충분할 따름이다.

의자에 앉아보고 투자를 결심하다

결과적으로 난 합리적이면서도 합리적이지 않은 선택을 했다. 여러 가구 및 인테리어 상장사 가운데 유일하게 내가 좋아하고 상대적으로 잘 아는 허먼밀러에만 투자한 것이다. 허먼밀러는 1905년 미국 미시건 주에서 시작된 오랜 역사를 지닌 가구 제조 업체로 현재 나스닥에 상장되어 있는데, 특히 의자에 강점을 보이는 회사다.

허먼밀러를 상대적으로 잘 아는 이유는 우연히 허먼밀러의 의자에 앉아볼 기회가 있었기 때문이다. 우선 현재 근무하는 회사에서는 정가 기준 200만 원에 가까운 허먼밀러의 뉴에어론 체어를 직원들에게 지급한다. 오랜 시간 책상 앞에 앉아 있어야 하는 IT 업계의 특성상 의자야말로 생산성을 높여주는 가장 큰 복지이자 직원에 대한 투자일 것이다.

사실 이 의자가 좋다고 진심으로 느낀 건 아이러니하게도 재택근무가 본격화된 이후다. 소중한 것들이 대부분 그렇듯, 무언가의 진가를 깨닫게 되는 건 우리가 그것을 잃어버린 다음이다. 회사의 허먼밀러에 앉아 일할 때는 이 의자가 얼마나 좋은지 실감할 수 없다가, 집에서 저가 의자에 앉아 장기간 일하다 보니 허먼밀러의 위대함을 깨달았다.

이런 아쉬움을 느낀 게 나만이 아니었던 모양이다. 재택근무가 본격화되면서 많은 직원들이 의자에 관한 불만을 토로하기 시작했고, 회사는 희망하는 직원들에 한해 공동구매를 통해 50% 할인된 가격으로 뉴에어론 체어를 구입할 기회를 주었다. 블라인드 같은 직장인 커뮤니티를 봐도 실제 이러한 수요가 허먼밀러 의자를 제공하는 네이버, NHN, 엔씨소프트 등 국내 주요 IT 회사들에서 생겨나고 있음을 확인할 수 있다. 게다가 IT 기업들은 코로나의 가장 큰 수혜자 아닌가. 코로나 이후 주요 IT 기업들의 매출과 주가는 급격하게 상승했고, 이는 곧 IT 기업들이 직원들의 복지를 위해 비용을 감내할 여력이 커졌음을 뜻한다. 난 이런 허먼밀러의 수요 증가가 국내에 국한된 트렌드가 아닌 전 세계 IT 기업들의 트렌드라 판단했다. IT 기업들이 돈을 벌고 재택근무가 늘어난 건 비단 한국만의 현상은 아니니까.

오늘날의 허먼밀러에 크게 기여한 디자이너 임스 부부가 디자인한 다양한 의자에 앉아본 경험 역시 투자에 도움이 되었다. 스위스 바젤 외곽, 즉 스위스, 독일, 프랑스 접경 지대에 위치한 비트라 캠퍼스Vitra Campus에 방문해 하루종일 머문 적이 있다. 비트라는 세계 최고의 럭셔리 가구를 생산하는 스위스의 가구회사다. 가구계의 에르메스라 불리기도 한다. 그런 비트라의 공장과 디자인 뮤지엄이 위치한 단지가 바로 비트라 캠퍼스다. 현재는 합의하에 파트너십을 종료했지만 비트라는 1950년대에 허먼밀러의 유럽/중동 라이선스 생산권을 따내면서 본격적으로 사세를 확장했다. 이후 자체 브랜드 제품 생산으로도 사업을 확장한 비트라는 1981년 공장 부지에 큰 화재가 나면서 건물이 대부분 소실되었다.

평소 예술에 조예가 깊었던 당시 비트라의 회장 롤프 펠바움Rolf Fehlbaum은 이를 재건하면서 각 건축물의 설계를 최고의 건축가 및 유망한 신진 건축가들에게 맡겼다고 한다. 이 작업에 참여한 건축가들 가운데 건축계의 노벨상이라는 프리츠커 상 수상자만 무려 6명이라는 데서 롤프 펠바움의 안목을 엿볼 수 있다. 프랭크 게리Frank Gehry의 미국 밖 첫 작품에 해당되는 Vitra Design Museum(1989)과 Factory Building(1989), 동대문 DDP의 설계자로 한국에서도 유명한 자하 하디드Zaha Hadid의 첫 작품인 Fire Station(1993), 안도 타다오의 일본 밖 첫 작품 Conference Pavillion(1993), 알바로 시자Álbaro Siza의 Factory Building(1994), 베이징 올림픽 주경기장 설계로 유명한 헤르조그 드 뫼롱Herzog de Meuron의 VitraHaus(2010), 일본의 건축 그룹

사나SANNA의 Factory Building(2012), 퐁피두 센터로 이름 높은 렌조 피아노Renzo Piano의 Diogene(2013) 등이 이에 해당된다.

그 외에도 여러 건축가들의 건축물과 예술가들의 설치 예술이 비트라 캠퍼스 곳곳에 존재한다. 그뿐 아니다. 비트라 캠퍼스에서는 창업자 가족이 수집한 온갖 빈티지 의자들을 볼 수 있으며, 비트라가 생산하는 고가의 가구들을 직접 체험해볼 수도 있다. 비트라 캠퍼스에 방문했기에 나는 임스 부부가 디자인한 다양한 의자들[15]을 포함한 최고의 의자들을 보고, 만져보고 앉아보는 호사를 누릴 수 있었고, 덕분에 허먼밀러라는 브랜드가 지닌 가치를 공감할 수 있었다. 여담이지만 수년 동안 찾은 유럽의 많은 도시와 여행지 중에서 비트라 캠퍼스는 손에 꼽을 만큼 인상적인 공간이었다. 특히 디자인 뮤지엄 외에도 현재 가동되는 공장 건축물에 입장 가능한 투어 가이드를 추천한다. 가이드는 사전 예약이 필수다. 아무튼 이러한 브랜드 경험을 떠올리며 난 허먼밀러의 주식을 망설이지 않고 매수했다.

몇 달이 지난 후 가구와 관련된 기업들을 살펴보니 한국보다 미국 기업들의 주가 상승률이 훨씬 높았다. 짐작해보건대 미국의 주택은 한국보다 훨씬 넓기에 새로운 가구 구매가 더 수월했던

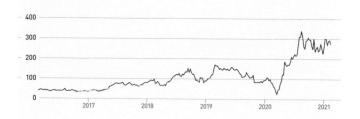

Wayfair Inc
NYSE: W

273.26 USD

400
300
200
100
0

2017　　　2018　　　2019　　　2020　　　2021

미국의 가구 판매 플랫폼 웨이페어는 가구 수요 증가와 비대면이라는 코드가 겹쳐 2020년 주가가 급등했다.

게 상승 요인이 아니었을까 싶다. 특히 온라인 가구 판매 플랫폼인 웨이페어는 같은 기간 동안 10배가 넘는 주가 상승률을 보였다. 가구와 비대면이라는 코드가 겹쳐 매출 상승과 더불어 코로나 수혜주로 부각된 덕이다.

반면 내가 투자한 허먼밀러의 주가는 비록 상승하기는 했으나 매수할 시점의 주가가 워낙 낮았고, 유동성 증가로 전 세계 증시가 급등한 걸 감안하면 성공적인 투자라고는 볼 수 없었다. 이처럼 브랜드에 대한 애정 및 취향이 반영된 투자는 큰 손실은 피할 수 있어도 큰 수익을 놓치는 요인이 되기도 한다. 즉 트렌드로 인한 수혜 정도를 냉정하게 예측하는 노력이 부족했다고 할 수 있다.

샤오미, 엘지전자 그리고 발뮤다

사실 집 트렌드와 관련해 내가 더 관심을 기울인 섹터는 가구와 인테리어보다는 소형 가전제품 제조업체다. 관여도도 높고, 관련 경험도 훨씬 많기 때문이다. 코로나 이후에만 취미생활의 일환으로 프로젝터, 토스터, 블루투스 스피커, 전동 커피 그라인더 등을 새로 장만하거나 교체했다. 이 섹터에도 많은 기업이 있지만 내가 가장 주의 깊게 살펴보고 실제로 매수까지 이어진 기업은 홍콩 증시에 상장된 샤오미Xiaomi다. 이유는 단순하다. 새로운 전자제품을 구매할 때마다 샤오미 제품이 있는지 확인하는 나를 인지하고 나서부터다.

저가 스마트폰 제조업체로 시작해 IoT Internet of Things(사물인터넷)로 사업영역을 확장한 샤오미는 소형 가전 트렌드에 부합하는 대표적 기업이다. 샤오미가 출시하는 하드웨어는 스마트워치, 체중계, 헤드폰, 이어폰, 액션캠, 블랙박스, 공기청정기, 로봇청소기, TV, 전동킥보드, 드론, 커피머신 등 실로 엄청나다. 그리고 이 모든 제품이 샤오미의 IoT 플랫폼에 연동된다. IoT 기기에서 수집한 데이터는 AI를 통해 다음과 같은 샤오미의 가치를 창출하는 데 활용된다. 기기 간 데이터 교환 및 통합, IoT 기기의 기능 최적화, 신규 IoT 기기 개발, 신규 고객 유치 및 기존 고객 관리 등이다.

샤오미가 이러한 IoT + AI 전략을 계획하고 실행에 옮기기 시작한 지는 제법 되었다. 한때는 이런 전략을 스마트폰 점유율 하락을 만회하려는 미봉책이라 보는 이들이 많았다. 나도 마찬가지였다. 당시 샤오미는 특허 이슈로 해외 진출이 난관에 부딪혔고, 중국 내에서도 화웨이는 물론 후발 저가 스마트폰 브랜드인 오포OPPO, 비보vivo 등에 점유율이 밀리고 있었다. 경쟁사들의 특허료 요구[16], 백도어 논란[17], 글로벌 기업이라고는 믿을 수 없는 낮은 영업이익률 역시 떨칠 수 없는 문제였다. 이러한 상황은 주가에도 반영되었다. 투자자들의 큰 기대를 받으며 2018년 상장할 당시 20홍콩 달러를 넘겼던 샤오미의 주가는 2019년에는 10홍콩 달러 아래로 하락한 상태였다.

그러던 내가 생각을 바꿔 샤오미의 주식을 조금씩 매수하기 시작한 건 파리에 살면서 겪은 소소한 경험 때문이었다. 내가 살던 동네에는 이란, 레바논 등에서 온 부유한 중동인들이 많이 거주

했는데, 하루는 살고 있던 건물의 엘리베이터를 10대 이슬람계 소년과 같이 타게 되었다. 그 소년의 복장이 예사롭지 않아 힐끗 쳐다보니 버질 아블로[18]가 크리에이티브 디렉터로 합류한 후 출시한 루이비통의 신상 스니커즈, 슈프림 후드티, 톰포드 안경테, 예상한 대로 아이폰, 에어팟, 애플워치까지, 유명 브랜드의 풀 착장이었다.

그 화려한 브랜드들 사이에 눈에 들어온 건 소년이 타고 있던 샤오미 전동킥보드였다. 당시 파리에서는 라임, 버드 등 공유 킥보드가 큰 인기를 끌었는데, 최고 명품 브랜드만 쓰던 그 소년이 개인 소유의, 그것도 여러 브랜드 중에서 아시아 국가에서는 싸구려 브랜드 취급을 받던 샤오미의 전동킥보드를 갖고 있었던 것이다. 그때를 기점으로 샤오미가 프랑스의 10대들 사이에서는 힙한 브랜드로 통한다는 사실을 알게 되었다. 마치 유니클로가 아시아에서는 최저가 기능성 브랜드로 인식되지만 유럽에서는 일본의 하이테크 기술을 활용한 프리미엄 브랜드로 포지셔닝된 것처럼.

국가 간의 이동이 자유롭고 독립 시점이 빨라 월세로 거주하는 비중이 높은 유럽의 젊은 세대들은 아무래도 이사가 잦은 편이다. 이사할 때마다 가구와 소형 전자제품을 구매하는 빈도가 늘어나게 되고, 이러한 수요를 선점해 성장한 가구 회사가 바로 이

케아다. 전자제품의 카테고리가 비어 있었는데 어쩌면 샤오미가 그 자리를 차지할 수 있을 거라는 생각까지 이어졌다. 마침 그 무렵 파리에는 막 샤오미 플래그십 스토어가 생겨나기 시작했고, 파리의 젊은 소비자들이 매장 앞에 줄을 서는 광경도 볼 수 있었다. 이러한 인기는 파리뿐 아니라 여행하던 다른 유럽의 주요 대도시에서도 심심치 않게 확인할 수 있었다.

결국 장기적 관섬에서 샤오미의 주식을 조금씩 매수하기 시작했지만, 하락하는 스마트폰 시장점유율과 낮은 영업이익률, 무엇보다 중국의 저가형 브랜드라는 아이덴티티 탓에 선뜻 큰 금액을 투자하지는 못하고 있었다. 그러다 코로나를 계기로 집과 관련된 소비를 늘리는 과정에서 어떤 전자제품을 구매하든 일단 샤오미 제품부터 검색하는 나를 보며 샤오미 투자에 대한 확신을 굳힐 수 있었다. 실제 샤오미는 2020년 코로나 시기 동안 큰 폭으로 성장했고, 특히 유럽 시장에서 성장이 돋보였다. 자연히 주가 역시 코로나 상황에도 큰 폭으로 올랐다.

운 좋게 기회를 잡은 샤오미와 달리, 전자제품 섹터 내에서 관심은 됐으나 기회를 놓친 종목들이 사실 더 많다. 대표적으로 한국의 엘지전자와 일본의 발뮤다를 들 수 있다. 엘지전자는 프로

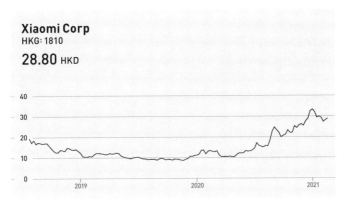

Xiaomi Corp
HKG: 1810

28.80 HKD

IoT와 AI를 결합한 전략으로 샤오미는 저가 브랜드라는 인식을 뛰어넘어 성장을 구가하고 있다.

젝터를 구매하기도 했지만, 그보다는 구광모 회장 취임 후 엘지전자가 예전과 달라졌다는 인상을 받았던 것이 관심을 가진 이유였다. 프리미엄 가전 시그니처를 강화하거나 AI 연구소를 설립하는데 그치지 않고, 나 역시 관심을 갖고 있던 마키나락스, H2O.ai 등 글로벌 AI 스타트업에 적극적인 투자까지 하는 걸 보면서 이전의 엘지와는 확실히 행보가 다르다고 느꼈다. 그럼에도 엘지전자의 주가가 수년간 박스권에 머물러 있었다는 이유로 투자를 머뭇거리다 큰 기회를 놓쳤다.

엘지전자의 주가는 단기간에 3배가량 상승했다. 일본의 프리미

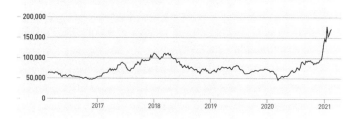

LG전자
KRX: 066570

171,000 KRW

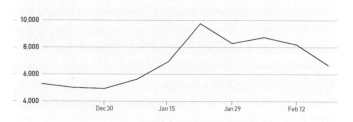

Balmuda Inc.
TYO: 6612

6,620 JPY

눈여겨보고도 투자 기회를 놓친 엘지전자와 발뮤다.

엄 가전제품 브랜드이자 2020년 12월 도쿄 증시에 상장된 발뮤다 역시 관심을 갖고도 기회를 놓친 경우다. 실제 써본 발뮤다의 커피포트와 토스터는 흠잡을 것이 없었으며 창업자 테라오 겐의 자서전 《가자, 어디에도 없었던 방법으로》를 인상 깊게 읽었음에도, 지나친 고가 전략이 언제까지 유효할지 의문을 떨치지 못해 상장일 전날까지 고민하다 결국 투자하지 않았다. 하지만 디자인과 사용자 경험을 강점으로 내세우는 발뮤다의 성장 스토리는 투자자들에게 매력적으로 어필했고, 그 결과 상장 후 주가는 상승했다.

결과적으로 이번에도 내 판단은 틀렸다. 자주 있는 일이다. 하지만 중요한 건 큰 변화가 발생했을 때 그 수혜 대상이 될 기업들을 눈여겨보고, 생각하고, 공부하고, 주가를 확인하면서, 기록하는 연습을 해야 한다는 점이다. 공부와 기록, 마케터의 필수 덕목은 투자에도 도움이 된다.

3장

먹고 마시고 투자하라

"시간과 사회에 얽매이지 않고 행복하게 배를 채울 때 잠시 동안 그는 제멋대로가 되고 자유로워진다. 누구에게도 방해받지 않고 신경 쓰지 않고 음식을 먹는다는 고고한 행위, 이 행위야말로 현대인에게 평등하게 주어진 최고의 치유 활동이라 할 수 있다."

일본 드라마 〈고독한 미식가〉의 오프닝 내레이션이다. 나를 비롯한 많은 사람들이 이 멘트에 고개를 끄덕이지 않았을까 짐작해 본다. 오늘날 무언가를 먹는다는 행위는 단순히 음식을 먹는 것을 뛰어넘어 힐링이 되기도 하고, 놀이가 되기도 하고, 취미가 되기도 하고, 밥벌이가 되기도 한다. 이를 실감한 것은 몇 차례 가본 캠핑에서였다.

해외여행을 못하는 시기에 여행의 자리를 대체한 것 중 하나가 캠핑이다. 사람들은 여행을 가지 못하는 답답함을 비교적 사람이 적은 자연에서 해결하고자 했고, 캠핑은 꽤 적절한 대안이 되었다. 평소 캠핑을 즐기진 않았지만 나 역시 인기에 편승하여, 이때가 아니면 언제 가보겠냐 싶어서 지인들을 따라나섰다. 그러고는 깨달았다. 캠핑의 본질은 다름아닌 자연 속에서 '먹기'라는 것을. 고기를 굽고, 쌀을 씻어 밥을 하고, 혹은 햇반을 데우고, 찌개를 끓이고, 술과 그에 맞는 안주와 해장용 음식을 준비하는 것까지. 캠핑장에서는 먹을 것을 준비하고, 먹고, 정리하는 데 대부분의 시간을 할애해야 했다. 마치 나영석 PD의 예능 〈삼시세끼〉처럼.

그렇다. 코로나로 식당과, 카페와, 술집과, 마트로 향하는 사람들의 발길이 줄었을지라도 음식에 대한 사람들의 관심과 욕망이 사라진 건 아니었다. 그 욕망이 다른 공간에서 다른 방식으로 발현되고 있을 뿐, 미식은 여전히 대한민국의 국민적 취미 가운데 하나다. 나 역시 맛있는 음식을 즐기는 사람으로서 코로나와 관계없이, 아니 오히려 코로나 때문에 일상의 여러 즐거움이 사라졌기에 더욱 맛있는 음식을 찾고 즐기는 데 열중할 수밖에 없었다. 물론 그러한 와중에도 변화의 패턴을 읽어내고자 노력했다. 기회는 늘 변화와 함께 오는 법이니까. 게다가 먹거리 관련 산업은 규모가 거대하기에 그 기회 또한 무시할 수 없다.

내게 일어난 가장 극적인(!) 변화는 배달 앱을 사용하기 시작했다는 점이다. 사실 조금 우스운 이야기일 수도 있겠지만, 나는 코로나 전까지 배달 앱을 거의 쓰지 않았다. 배달음식은 피자 하나면 충분하다고 생각했다. 배달앱 등장 이전부터 피자 업체들은 배달이라는 비즈니스 모델을 확립한 터라 자체 앱을 통해 배달 주문이 가능했다. 무엇보다도 나는 가급적 식당에 가서 이제 막 요리한 음식을 먹는 걸 선호한다. 치킨만 해도 배달을 시키는 대신 가장 가까운 치킨집에서 포장을 해서 집까지 뛰어와서 먹을 정도로 유난스러운 면이 있다. 열기로 눅눅해진 치킨을 먹고 싶지 않은 것이다.

그런 나조차도 코로나 이후에는 무언가 먹을 때마다 배달 앱을 먼저 찾게 되었다. 회, 족발, 닭갈비, 곱창, 분식 등 주문하는 음식도 점점 다양해졌다. 배달 앱 없이는 살 수 없는 세상의 변화를 뒤늦게 겸허히 받아들였다.

배달 오토바이가 많아지면 주가는 오른다

외식의 수요가 배달이라는 영역으로 이동하자 배달 앱을 쓰지 않던 새로운 유저들이 유입되기 시작했다. 코로나 이후 전 세계 배달 산업은 급격하게 성장했고, 소비자들의 변화에 증시도 반응했다. 세계 각국에 상장된 배달 스타트업들의 주가가 일제히 상승한 것이다. 독일 증시에 상장된 딜리버리히어로Delivery Hero, 홍콩 증시에 상장된 중국의 메이투안 디엔핑Meituan Dianping, 우버이츠 Uber Eats를 보유하고 있고 뉴욕 증시에 상장된 우버Uber 등이다.

전작 《마케터의 여행법》에서 이미 유럽의 배달 스타트업들에 관해 짧게 다룬 바 있다. 유럽의 배달 스타트업들은 한국이나 북미보다 상장이 빨랐고, 유럽에 머물던 나는 비교적 일찍 배달 스타트업의 투자에 관심을 두었다. 다만 초기에 투자를 하지는 못했다. 당시 적자가 심했던 배달 스타트업들이 흑자 전환할 만큼 규모의 경제를 달성할 수 있을지 확신이 없었다. 그러던 찰나 기회가 왔다. 한국의 배달의민족과 독일의 딜리버리히어로가 합병을 발표한 것이다. 두 기업이 한국 시장에서의 경쟁을 멈추고 동남아시아[19] 시장 공략에 집중하겠다는 전략이었다. 내가 우려하던 규모의 경제 이슈에 대한 해결책을 제시한 배달 스타트업이 드디어 등장한 것이다.

이 합병안이 발표되기 전날 저녁부터 '배달의민족이 네이버에 매각된다[20], 배달의민족이 상장된다'는 루머가 돌기 시작했다. 원래 루머란 흔한 것이고, 그때만 해도 큰 감흥은 없었다. 어느 쪽이건 장이 열리자마자 상한가로 시작할 것이 분명하기에 큰 투자 기회로 이어지지는 않을 거라 보았다. 그런데 다음 날 오전 언론에 발표된 결과는 그 누구도 예상치 못했던 딜리버리히어로의 배달의민족 인수합병이었다.

이 발표를 확인하자마자 내게도 투자 기회가 있을 거라 생각했다. 딜리버리히어로는 독일 증시에 상장되어 있다. 유럽에는 한국인인 나만큼 배달의민족이라는 회사의 가치를 잘 아는 투자자가 많지 않을 거라 생각했고, 한국에는 딜리버리히어로를 잘 알고 있거나 평소 유럽 주식에 투자하는 사람이 많지 않을 거라 생각했기 때문이다. 마침 이 시점에 배달의민족이 새롭게 론칭한 B마트를 유용하다고 느끼고 있었던 것도 투자 결정에 도움이 되었다.

투자에서 가장 중요한 건 실행이다. 당일 동원 가능한 모든 현금을 유로화로 환전하고 독일 증시가 열리자마자 매수를 시도했다. 내 예상대로 전날 종가보다 오히려 조금 낮은 가격에 전액 매수가 가능했다. 당일 오전까지만 해도 딜리버리히어로의 주가는 소폭 상승에 머물렀다. 물론 오후가 되어 많은 투자자들이 관심을 보이면서 20% 넘는 높은 상승률을 보였고, 상승세는 열흘 가까이 이어졌다.

    이처럼 코로나가 시작되기 전에도 배달 산업에 적지 않은 투자를 하고 있던 나였지만, 코로나 이후에는 오히려 보수적으로 반응했다. 배달 수요 증가가 예상되고, 유럽이나 북미보다 코로나가 먼저 확산된 한국에서 실제 배달이 증가하는 것을 경험하고도 정작 투자는 주저한 것이다. 마음에 걸리는 부분도 있었다. 한국과 달리 유럽은 코로나 초기 락다운을 선언하면서 식당 영업을 금지했다. 즉 배달 자체가 불가능할 수도 있어 보였다. 내가 딜리버리히어로 주식을 늘리기는커녕 오히려 비중을 줄이는 선택을 한 이유다. 우버의 경우 우버이츠의 성장이 예상되었고 우버이츠가 기존 우버 브랜드와 인프라를 활용해 빠르게 선두 기업들과의 격차를 좁힐 수 있음을 이미 프랑스에서 확인했기에 투자를 고려했으나, 우버의 공유차량 서비스에서 발생한 큰 적자 때문에 망설이다 결국 기회를 놓쳤다. 메이투안의 경우에도 주가가 100홍콩 달러 이하로 급락한 것을 보고 고민했지만, 내가 메이투안 앱을 실제로 써본 적이 없다는 점, 중국의 배달 사업 현황을 잘 알지 못한다는 점 때문에 그저 검토 차원에서 소액을 투자하는 데 그치고 말았다.

결론부터 말하자면 딜리버리히어로와 우버의 주가는 코로나 이후 저점 대비 2배가량 상승했고, 메이투안은 4배 넘게 상승했다. 나처럼 시장과 소비를 보고 투자하는 방식에는 분명 부작용도 존재한다. 잘 알지 못하는 시장에서 발견한 기회에는 보수적으로 반응하거나, 회사의 재무적 상황이나 산업 자체의 폭발적 성장 가능성, 투자자들의 비이성적 욕망 등을 간과하는 실수(?)가 이에 해당된다. 특히 메이투안 디엔핑의 경우 1일 주문량 지표가 딜리버리히어로의 10배가 넘는다는 사실만 확인했더라도 놓치지 않았을 기회였다.

나 스스로도 이러한 문제를 인지하고 있기에 매일 투자일기를 쓰는 방식으로 이를 보완하고자 노력한다. 기록 자체도 중요하지만 기록하는 과정에서 투자를 망설이는 주식들을 상기하고 생각을 매일 발전시킬 수 있기에 도움이 된다.

또한 놓친 기회들을 너무 아쉬워할 필요도 없다고 생각한다. 사실 개인 투자자에게 부족한 건 자본이지 투자 기회가 아니다. 매일 시장에는 새로운 기업이 상장되고, 새로운 투자 기회가 등장한다. 긴 호흡을 갖고 생각할 여유, 놓친 기회들을 내려놓을 수 있는 마음가짐이 중요하다.

배달 스타트업들 중에서 투자자들의 가장 큰 기대를 받고 있는 곳을 꼽으라면 2021년 뉴욕 증시 상장을 앞둔 동남아시아의 그랩Grab일 것이다. 그랩은 2012년 말레이시아에서 우버와 같은 공유 자동차 서비스로 시작해 음식배달, 결제, 쇼핑, 예약, 보험 등 다양한 분야로 확장한 동남아시아 최대의 스타트업이다. 2018년에는 우버의 동남아시아 사업 부문을 인수했고, 최근 음식 배달 비즈니스가 빠르게 성장하면서 현재 약 20조 원의 가치로 평가된다. 동남아시아의 거대한 인구, 빠른 경제성장률, 그랩의 경쟁력 등을 고려했을 때 그동안 배달 스타트업에 투자할 기회를 놓쳤다면 그랩의 상장을 면밀히 살펴볼 필요가 있다.

참고로 그랩에는 여러 한국 기업이 투자했는데, 대표적으로는 현대차, SK, 미래에셋벤처투자, 스틱인베스트먼트 등이 있다. 특히 시가총액이 작은 스틱인베스트먼트의 모기업 디피씨와 미래에셋벤처투자가 그랩 관련주로 개인 투자자들의 관심을 받은 바 있다.

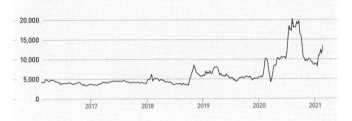

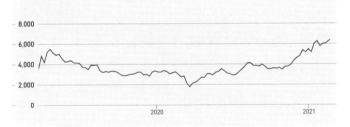

그랩 관련주로 국내 개인 투자자들의 관심을 받은 디피씨와 미래에셋벤처투자.

드롱기와 브레빌, 스타벅스

외식이 배달로 대체되었다면 카페를 찾는 수요는 집에서 내려 마시는, 일명 홈카페로 대체되었다. 물론 커피 역시 배달 주문이 코로나 이후 크게 증가했다고 한다. 그러나 한국에서 카페에 가는 건 단순히 커피를 마시기 위해서가 아니라 시간을 보내기 위해 '공간'을 임대하는 거라는 분석이 많다. 개인적으로도 내가 경험한 다른 사회와 비교해보면 한국에서 이러한 경향이 강하게 느껴지는 게 사실이다. 가령 유럽에서는 에스프레소 바에서 에스프레소 한 잔을 선 채로 홀짝 마시고 나가는 사람들이 더 많다. 미국 역시 같은 스타벅스라 해도 한국보다 테이크아웃 비중이 훨씬 높다.

이처럼 매장에서 커피 마시는 걸 선호하는 한국 소비자들이지만 코로나는 카페의 생태계를 바꾸어놓았다. 카페에 가는 횟수도 줄었거니와 사회적 거리두기로 인해 가고 싶어도 갈 수 없는 상황이 되었다. 그렇다고 커피를 덜 마신 것은 아니다. 나만 해도 원래 집에서 커피를 내려 마셨지만, 집에 있는 시간이 늘어나고 카페에 전혀 가지 않다 보니 집에서 커피를 더 많이 마시게 되었다. 지금은 조금 줄었지만 코로나 직후 한동안은 하루 한두 잔 마시던 커피가 네다섯 잔까지 늘기도 했다.

나 같은 소비자들이 적지 않을 거라는 생각이 들었다. 공급자들 역시 이에 대응해 변화를 시도했다. 서울의 유명 카페들뿐 아니라 크고 작은 로스팅 카페들이 적극적으로 원두 구독 서비스를 키워나가기 시작했다. 소비자와 공급자의 변화를 체감하면서 커피 시장에도 분명 투자 기회가 있을 거라는 데 생각이 미쳤다.

우선 커피 용품을 다루는 회사들에서 기회를 찾아보고자 했다. 원두 자체의 판매 규모는 크게 변하지 않을 거라 판단했기 때문이다. 그저 카페에서 마시는 수요가 집에서 마시는 수요로 이전될 거라는 전제 아래서는, 집에서 마시든 카페에서 마시든 전체 커피 소비량에는 큰 차이가 없을 것이다. 반면 집에서 커피를 내려 마시는 데 필요한 커피 용품의 수요는 증가할 거라 보았다. 나 또한 집에서 드립으로 커피를 내려 마시기에 코로나 이후 관련 용품 구매가 늘어났다. 다만 조사해본 결과 아쉽게도 칼리타Kalita(일본), 멜리타Melitta(독일), 하리오Hario(일본), 고노Kono(일본) 등 주요 드립 커피 용품 제조회사들은 전부 비상장 기업이었다.

반면 에스프레소 기기 제조업체들 가운데는 상장 기업이 있었다. 드립 커피 시장보다 에스프레소 시장이 훨씬 크기 때문이었다. 게다가 에스프레소 기기는 전통적으로 B2B 산업이었는데, 최근 가정용 에스프레소 기기 시장의 확대를 감안해보면, 코로나를 기점으로 오히려 크게 성장할 여지가 있어 보였다. 생각해보니 내 주변에도 캡슐형 에스프레소 기기를 쓰다가 지겨워져서 나처럼 드립 커피로 옮겨가는 경우도 있었지만, 일반 에스프레소 기기를 구입하는 사람들이 확실히 예전보다 많아졌다. 인스타그램 피드의 집 사진에도 에스프레소 머신이 심심찮게 등장했다.

그런 사고의 흐름에서 찾아낸 종목이 이탈리아의 드롱기 De'Longhi와 호주의 브레빌Breville이다. 우선 드롱기는 최근 한국에서도 버스 정류장 등에서 광고로 흔히 접할 수 있다. 입문 단계 카테고리에서 경쟁력 있는 브랜드이기에 가정용 에스프레소 기기 시장이 커진다면 드롱기가 가장 큰 수혜 기업이 아닐까 싶었다. 나 역시 에스프레소 머신은 아니지만 드롱기의 전동 그라인더를 쓰고 있다.

반면 브레빌은 상업용, 가정용에서 모두 높은 평가를 받고 있는 데다 신기술을 적용한 뛰어난 편의성으로 인기가 높다. 입문형을 쓰던 애호가들이 업그레이드할 때 주로 선택하는 브랜드인데, 가정용 에스프레소 머신은 아무래도 편의성이 중요하기에 나 역시 관심 있게 보던 중이었다.

두 기업의 주가는 모두 코로나 이후 역대 최고점을 찍고 있다.

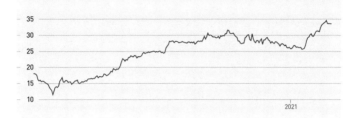

De'Longhi SpA
BIT: DLG

33.44 EUR

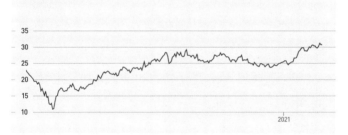

Breville Group Ltd
ASX: BRG

30.95 AUD

가정용 커피머신 수요가 늘면서 최고가를 찍은 드롱기와 브레빌 주가.

개인적으로 전 세계 커피 애호가가 늘어나면 늘어날수록 가정용 에스프레소 기기 시장은 커질 것이고, 코로나 이후에도 지속적으로 성장할 여지가 크지 않을까 싶다. 아직 샤오미가 에스프레소 기기는 생산하지 않는데 언젠가는 OEM 형태로 주문을 맡길 가능성도 전혀 없지는 않다고 생각한다.

한편 홈카페의 가파른 성장을 보면서 내가 투자를 늘린 또 하나의 기업은 역설적으로 세계 최대 카페 기업인 스타벅스다. 이상하지 않은가? 스타벅스는 코로나로 수혜는커녕 막대한 피해를 입는 기업이니 말이다. 이유는 단순했다. 코로나가 처음 확산된 시점에 스타벅스의 주가가 큰 폭으로 하락했고, 스타벅스는 주가가 하락할 때마다 사두면 좋을 만큼 훌륭한 기업이자 브랜드라 믿기 때문이다.

스타벅스 매장에 처음 가본 건 1990년대 초 미국에서였지만, 정작 반한 건 2000년대 초 도쿄 여행에서 맛본 스타벅스의 라떼가 너무 맛있어서였다. 내 생각에 당시 한국과 일본 스타벅스의 차이는 우유에 있었던 것 같다. 여행에서 돌아온 뒤에는 스타벅스에서 바리스타로 일하기도 했다. 스타벅스라는 브랜드에 대한 마케터의 호기심이 낳은 선택이었다. 다만 스타벅스는 당시에도 상장되어 있었지만 해외주식 투자에 관심이 없었던 때라 아쉽게도 투자할 생각은 하지 못했다.

스타벅스 주식에 처음 투자한 건 한참 후였다. 비교적 장기간 보유해오긴 했지만 스타벅스라는 브랜드가 노후화되거나 성장이 정체되었다는 느낌이 들 때마다 몇 차례 주식을 정리한 적이 있다. 흥미로운 사실은 그럴 때마다 스타벅스가 혁신의 드라이브를 통해 이를 극복해냈고, 그걸 본 후에 다시 투자할 수밖에 없도록 만들었다는 점이다.

2000년대 후반 경쟁 프랜차이즈 카페들이 대거 등장하면서 커피 시장이 포화되자 스타벅스는 스마트폰 앱과 거기서 확보한 데이터를 기반으로 하는 디지털 트랜스포메이션Digital Transformation을 통해 차별화에 성공했다. 2010년대 후반에는 스페셜티 커피를 앞세운 개인 카페 및 프랜차이즈가 증가해 스타벅스의 럭셔리 아이덴티티가 상대적으로 희석되었다. 그러자 스타벅스는 그 대응으로 스페셜티 원두 기반의 하이엔드 커피 브랜드인 스타벅스 리저브Starbucks Reserve를 출시했다. 초대형 플래그십 매장에 해당되는 스타벅스 리저브 로스터리Starbucks Reserve Roastery가 시애틀, 시카고, 뉴욕, 상하이, 도쿄, 밀라노 등 세계 6개 도시의 랜드마크

격으로 자리잡았다.

스타벅스 리저브 로스터리는 일반 스타벅스 매장에서 맛볼 수 없는 수많은 종류의 커피는 물론, 해당 도시의 최고 베이커리와 칵테일을 비롯한 다양한 주류까지 구비한 초대형 매장이다. 대형 로스팅 기계가 매장에 있어 볼거리 역시 풍부하다. 단순한 카페가 아니라 커피를 테마로 한 엔터테인먼트 공간이라고 보는 편이 더 정확하지 않을까? 일례로 내가 가본 밀라노 매장은 밀라노의 중심 두오모 인근에 있는, 과거 밀라노 증권거래소로 사용되었던 역사적 건물에 입주해 있다. 이탈리아 커피를 표방하는 스타벅스의 이탈리아 첫 매장이라는 상징성까지 고려한 결정일 것이다.

스타벅스 리저브 로스터리에 간 후 내가 내린 결론은 단순했다. 스타벅스는 역시 스타벅스였다. 이디야 같은 저가 커피 브랜드가 가격으로 스타벅스와 경쟁을 시작했고, 블루보틀 같은 럭셔리 스페셜티 커피 브랜드가 원두의 퀄리티로 스타벅스와 경쟁하면서 스타벅스라는 브랜드의 정체성은 애매해지기 시작했다. 그런 상황에서 스타벅스는 경쟁의 프레임 자체를 바꿔버렸다. 바로 압도적 스케일이다. 커피 산업에서 스타벅스만이 할 수 있는 일이었고, 그 핵심에 바로 스타벅스 리저브 로스터리가 있었다.

스타벅스는 단순히 몇 종류의 스페셜티 원두를 추가하는 방식으로 경쟁하지 않았다. 대신 스타벅스 리저브 로스터리 매장에 무수히 많은 스페셜티 원두로 존재하는 모든 추출 방식과 다양한 제조법으로 커피를 내려 마실 수 있는 시스템을 구축했다. 스타벅스는 저가 커피를 출시하는 방식으로도 경쟁하지 않았다. 스타벅스 리저브 로스터리에서는 커피가 로스팅되는 과정을 소비자가 직접 관찰하고, 바리스타들과 대화를 나누며 커피에 관한 지식을 습득하고, 나아가 그 도시에서 가장 맛있는 베이커리를 곁들일 때의 커피 맛, 혹은 한잔의 좋은 술 전후에 따라오는 커피의 즐거움까지도 경험할 수 있었다. 즉 스타벅스는 가격 또는 원두의 품질이 아닌 그 어떤 경쟁자도 모방할 수 없는 압도적 스케일의 소비자 경험CX, consumer experience을 새로운 경쟁의 축으로 제시한 것이다.

그래서 나는 스타벅스 주식이 하락한 시점에 다시 스타벅스 주식을 매입하기 시작했다. 스타벅스의 전략에 확신이 있었기에 코로나19로 스타벅스 주가가 하락한 시점이 오히려 좋은 기회라 느껴졌다. 참고로 코로나 피해주임에도 스타벅스의 주가는 현재 역대 최고가를 기록 중이다.

마지막으로 코로나로 인한 나의 먹거리 관련 소비패턴의 변화를 꼽자면, 온라인 혹은 모바일 식자재 구매의 증가다. 어찌 보면 너무도 당연한 현상이다. 코로나 이후 사람들은 더 많은 먹거리와 식자재를 마트나 시장에 가는 대신 온라인으로 구매하기 시작했다. 유럽에 오래 머물다 한국에 들어온 내게 마켓컬리의 샛별배송, 쿠팡의 로켓배송은 그야말로 신세계였다. 밤 11시 전에 주문하면 다음 날 새벽에 물건을 받을 수 있다는 사실은 소비자 입장에서는 위대한 혁신으로 느껴졌다. (물론 관련 업무 담당자 분들의 높은 노동 강도 및 과도한 포장재 등의 이슈가 논란이 된 점 또한 잘 알고 있다.)

여기에 코로나 이후 내가 사용하는 플랫폼이 하나 더 추가되었다. 바로 네이버의 스마트스토어다. 배송이 상대적으로 느리지만 마켓컬리나 쿠팡에 없는 식자재가 많고, 가격이 저렴한 품목들도 많았다. 특히 훨씬 다양한 채소 및 과일의 생산자가 입점해 있다는 점이 장점이었다. 아무래도 30%의 수수료를 지불해야 하는 다른 이커머스 플랫폼에 비해 네이버 스마트스토어는 5%의 수수료만 지급해도 되기에, 다수의 생산자들 혹은 수입업자들이 스토어 오픈에 나선 것이 아닐까 싶었다.

네이버에서 식자재를 구매하는 횟수가 점점 늘어나면서 결국 적립금 및 디지털 콘텐츠 사용 포인트 등 여러 혜택이 주어지는 네이버플러스 멤버십까지 구독하게 되었다. 2020년 네이버는 쿠팡을 뛰어넘어 거래액 기준으로 국내 1등 전자상거래 플랫폼으로 올라섰다. 무엇보다 직접 모든 인프라를 구축해야 했던 쿠팡, 마켓컬리와 달리 중개 플랫폼인 네이버 스마트스토어는 초기부터 흑자로 출발했다.

다만 네이버의 스마트스토어는 별도 기업이 아닌 네이버의 한 사업부라는 점이 투자자로서 아쉽다. 물론 네이버는 그 자체로 이미 한국에서 가장 안정적인 투자 대상이기는 하나, 단지 스마트스토어의 비즈니스 모델이 마음에 들어서 투자하고 싶은 거라면 쇼피파이Shopify라는 대안도 있지 않은가? 캐나다에 위치한 쇼피파이는 북미 지역에서 이베이를 넘어 아마존에 이은 제2의 전자상거래 업체로 올라선 기업이다. 쇼피파이는 자영업자와 상생하는 모델이라는 점도 마음에 들었다. 다른 전자상거래 플랫폼에 비해 낮은 수수료도 도움이 되지만 플랫폼에 종속되지 않고 자체적인 브랜드를 구축할 수 있다는 점이 자영업자들에게 유리하다고 생각한다.

네이버 역시 스마트스토어를 기획하면서 쇼피파이의 사업모델을 참조한 것으로 알고 있다. 쇼피파이는 코로나19뿐 아니라 지

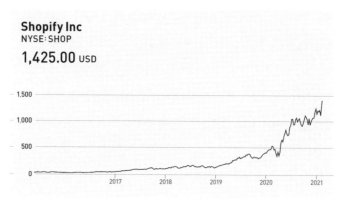

Shopify Inc
NYSE: SHOP

1,425.00 USD

플랫폼과 플레이어 모두 상생하는 비즈니스 모델을 구축한 쇼피파이.

속가능성 관점에서라도 투자하고 싶었던 기업이었다. 물론 최근
들어 성장세가 예전보다 둔화했고 실적 대비 현재 주가가 지나치
게 높다는 측면에서 조정을 받고 있는 것은 사실이다. 하지만 오
랫동안 유지되는 대다수 플랫폼들의 공통점은 플랫폼과 플레이
어가 모두 돈을 벌 수 있게 해주는 상생 구조에 있다고 생각하기
에 쇼피파이의 지속가능성은 여전히 기대해볼 만하다.

코로나 이후 먹기도 많이 먹었지만 코로나 이전과는 다르게 먹
었던 것 같다. 다르게 먹고자 노력한 게 아니라 이전과는 다르게
먹어야 하는 상황 때문이었다. 코로나는 모두에게 힘든 시기였지

만 새로운 경험에 부딪혀야 하는 마케터들에게 강제적으로 다양한 경험을 주입하는 기회로도 작용했으니, 인생의 아이러니다. 아이러니한 상황에서도 기회를 찾아내야 하는 것이 투자자의 아이러니인 것처럼.

4장

콘텐츠에서 트렌드를,
트렌드에서 투자를

평소 콘텐츠를 좋아한다고 말하지만 사실 본질적으로 좋아하는 건 서사, 쉽게 말해 이야기다. 매력적인 스토리를 가진 콘텐츠는 태생부터 다르다. 같은 콘텐츠라 해도 서사 구조가 짧거나(음악), 다음 이야기를 보기 위해 뭔가를 조작하거나 미션을 달성해야 하는 콘텐츠(게임)는 상대적으로 덜 좋아하는 이유이자 영화, 드라마, 만화, 애니메이션, 소설, 연극 등 이야기에만 몰입할 수 있는 콘텐츠를 상대적으로 더 좋아하는 이유다. 같은 예능이라 해도 김태호 피디의 〈무한도전〉, 〈놀면 뭐하니〉보다 나영석 피디의 꽃보다 시리즈, 〈윤식당〉, 〈삼시세끼〉를 더 좋아하는 것 역시 비슷한 맥락이다.

이야기에 대한 애정은 변함이 없지만 이야기를 즐기는 방식은 과거와 달라졌다. 어릴 적에는 좋아하는 프로그램을 사수하기 위해 새벽부터 TV 앞을 지켰다면, 지금은 아이패드와 프로젝터로 각종 콘텐츠를 들여다본다. 콘텐츠는 늘 트렌드를 파악하고 있어야 하는 마케터에게는 도움이 되는 걸 넘어 반드시 필요한 취미일 것이다. 좋아하는 콘텐츠에서 종종 발견하는 소소한 투자 기회는 덤이다. 이쯤 되면 취미라 부르기 애매할 수도 있지만.

넷플릭스와 디즈니, 볼까요? 살까요?

디즈니가 OTT[21] 디즈니플러스 론칭을 발표한 이후 한동안 사람들로부터 다음과 같은 질문을 자주 받았다. "넷플릭스, 계속 보유해도 될까요?" 혹은 "디즈니 주식을 지금 사야 하나요?"

당시 대답하기 난감했던 기억이 난다. 두 기업이 지닌 강점과 약점이 극명했기에 챔피언 넷플릭스와 도전자 디즈니플러스의 싸움에서 승자를 섣불리 예상할 수 없었기 때문이다. IP 왕국으로 일컬어지는 디즈니의 강점은 명확했다. 수많은 팬을 보유한 IP 기반의 콘텐츠들을 독점적으로 유통할 수 있다. 자본력 또한 넷플릭스 대비 월등하다. 반면 넷플릭스가 이미 구축한 글로벌 플랫폼, 로컬 콘텐츠 제작사들과의 협업 역량, 무엇보다 온라인/모바일 서비스 운영 능력은 하루아침에 만들어진 것이 아니다. 이미 아마존 프라임Amazon Prime, 훌루Hulu, HBO맥스HBO Max 같은 막강한 경쟁사들이 OTT 비즈니스에 뛰어들었지만 그 누구도 넷플릭스의 왕좌를 쉽사리 넘볼 수 없었던 것에서 알 수 있다.

하지만 지금은 앞의 질문에 명확히 답할 수 있다. "둘 다 생존할 거라 생각합니다."

내 생각이 이렇게 바뀐 건 한국에 들어와 왓챠를 구독하기 시작하면서부터다. 사실 왓챠가 OTT 사업에 뛰어든다고 발표했을 때 시장에 안착할 수 있을지 의문을 가졌다. 이미 넷플릭스가 있는 마당에 수익모델조차 없던 한국의 스타트업은 경쟁 자체가 가능할 것 같지 않았던 것이다. 하지만 한국에 돌아온 후 넷플릭스와 왓챠를 둘 다 꾸준히 이용하는 나를 보면서, 구독 시장이 확실히 커진 것을 실감하게 되었다.

일단은 겹치는 콘텐츠의 영역이라 해도 여러 개의 플랫폼을 구독하는 사람들이 많았다. 나 역시 그랬다. 넷플릭스에서는 주로 넷플릭스 오리지널 미드와 다큐, 그 외 블록버스터 미드를 챙겨봤다면 왓챠에서는 고전 영화, 예술 영화, 일드 및 애니메이션 등 넷플릭스에 없는 콘텐츠를 찾아 보았다. 두 구독 플랫폼에도 없는 작품은 네이버 시리즈온에서 구매를 한다. 음악도 마찬가지. 비슷한 시기에 고음질의 재즈와 클래식을 듣기 위해 애플 뮤직을, 음질은 떨어지지만 다양한 한국 음악을 듣기 위해 유튜브 뮤직을 구독했다. 멀티 구독 시대가 도래했다는 확신이 들자 각기 다른 강점을 지닌 디즈니와 넷플릭스 양쪽에 투자해도 큰 리스크가 없다는 판단을 내렸다.

넷플릭스는 그 자체로도 좋은 투자 대상이지만 좋은 투자 기회를 발견하는 장이기도 하다. 글로벌 플랫폼으로 성장한 덕분이다. 예전에는 영화관이 그 역할을 했다. 내 경우 블록버스터 영화는 가급적 개봉일에 챙겨봤는데, 한 편의 대작 영화가 제작사의 주가에 끼치는 영향이 크기 때문이었다.

가령 송강호, 이정재, 백윤식, 조정석, 이종석, 김혜수 주연의 영화 〈관상〉이 개봉하기 몇 달 전에는 제작사인 쇼박스 주식을 사뒀다. 이 정도 캐스팅이라면 흥행에 실패하기 어려울 거라 생각했기 때문이다. 개봉일이 다가오자 개인 투자자들의 주목을 받기 시작한 쇼박스의 주가는 상승하기 시작했지만 기대보다 영화의 재미는 덜했다. 개봉 당일 영화를 보고 나오는 길에 곧바로 보유한 주식 전량을 매도했다. CJ E&M이 작정하고 할리우드를 타깃으로 삼은 봉준호 감독의 〈설국열차〉에서도 비슷한 경험이 있다. 개봉 전 투자사이자 제작사인 CJ E&M 주식을 사뒀다가 〈설국열차〉의 개봉일에 맞춰 관람했는데, 작품성이 높다는 판단은 들었지만 대중성이 높은 영화일까 하는 의문이 들었다. 결국 일주일 정도 온라인상에 올라오는 리뷰들을 확인한 후에 주식을 정리했다. 영화라는 콘텐츠 세계에서 재미는 투자를 좌우하는 중요한 요소가 된다.

하지만 영화의 영향력이 줄어든 요즘에는 극장에서 이러한 투자 기회를 발견하는 것 자체가 어려워졌다. 아카데미 시상식을 지켜보던 중 작품상 수상에 베팅해 제작사인 바른손 관련 주식에 투자한 것 정도랄까? 물론 이런 경우는 매우 예외적인 데다 〈기생충〉을 보기 전에 투자했기에 묻지마 투자에 해당된다. 묻지마였기에 아주 소액만 투자했고, 그마저 수상 직후 매도해서 수익 금액은 미미한 수준이었다.

극장보다 넷플릭스의 영향력이 훨씬 커진 지금은 넷플릭스에서 투자 기회를 찾는 편이 수월하다. 특히 넷플릭스에 공개되는 할리우드 작품보다 한국 작품을 살펴보는 편이 유리하다고 생각한다. 전자는 제작단계부터 글로벌 론칭 및 인기를 전제로 하기에 애초에 성공에 대한 기대치가 높지만, 한국 작품들은 로컬에서의 인기를 전제로 하기에 글로벌에서 성공하면 주가가 큰 폭으로 오를

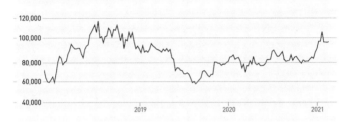

스튜디오드래곤
KOSDAQ : 253450

99,100 KRW

한국 드라마 제작사 스튜디오 드래곤은 넷플릭스를 통해 글로벌 히트작을 내며 떨어진 주가를 회복했다.

여지가 크기 때문이다.

　가령 한국의 대표적인 드라마 제작사 스튜디오 드래곤[22]의 주가는 넷플릭스에 올라가는 블록버스터 드라마의 인기와 상관관계가 높다. 장동건, 송중기 주연의 〈아스달 연대기〉의 참패로 주가가 반토막 났던 스튜디오 드래곤은 손예진, 현빈 주연의 〈사랑의 불시착〉이 인기를 얻은 2019년 하반기, 〈스위트 홈〉과 〈경이로운 소문〉이 공개된 2020년 말 주가가 상승하여 최고점을 거의 회복했다. 세 드라마가 넷플릭스 덕에 로컬을 뛰어넘어 글로벌에서 인기를 얻었기에 가능했던 일. 국내에서의 인기에 그쳤더라면 이러한 주가 회복은 어려웠을 거라 생각한다.

넷플릭스에 올라오는 한국 드라마에 관심을 갖기 시작한 기점은 김은희 작가의 〈킹덤〉이었다. 시즌1을 보고 한국에서도 이 정도 완성도 높은 좀비물을 만들어낼 수 있다는 데 우선 감탄했다. 배두나의 현대극스러운 연기가 유일하게 거슬리는 포인트였지만, 어차피 해외 구독자들은 영어 더빙으로 시청하는 경우가 많으니 배두나의 글로벌 인지도를 감안하면 그의 캐스팅은 분명 옳은 선택이었다. 킹덤의 제작사 에이스토리는 시즌1이 인기를 얻은 후 코스닥에 상장되었는데 2021년 시즌3 공개가 예상되는 가운데 주가가 크게 상승한 상태다. 특히 시즌2 말미에 한류 스타 전지현의 시즌3 출연이 예고된 만큼 나 역시 기대가 크다. 에이스토리 주식에 관심 있는 투자자라면 반드시 시즌3 공개일에 누구보다 먼저 시청하기를 권한다.

투자가 아니어도, 마케터라면 인기 있는 콘텐츠는 가급적 모두 챙겨봐야 한다고 생각한다. 특히 요즘처럼 리얼리티와 재미를 둘 다 잡은 콘텐츠가 많은 상황에서는 대중이 무엇에 끌리는지, 다른 나라와 우리나라의 문화는 어떻게 다른지, 앞으로 뜰 흐름은 무엇인지를 파악할 수 있다. 간접경험이자 투자 기회를 찾아내는 연습인 셈이다. 국내 최고 마케터 출신의 경영자 엘지생활건강의 차석용 부회장은 바쁜 일정 중에도 모든 최신 콘텐츠를 속성으로라도 챙겨 본다고 한다.[23] 반면 골프나 저녁 약속을 잡지 않는 것으로도 유명한데, 마케터에게 최신 콘텐츠를 챙겨 보는 일이 그만큼 중요함을 보여주는 사례가 아닐까 싶다.

내가 JYP 주식을 산 이유

매일 음악을 듣지만 음악 애호가라고 말할 수준까지는 못 된다. 아무래도 서사의 흐름이 덜 느껴지는 음악은 내가 상대적으로 덜 좋아하는 콘텐츠에 해당한다. 반면 음악에서 파생되는, 음악을 매개로 한 서사가 있는 콘텐츠들은 무척 좋아한다. 가령 〈쇼미더머니〉, 〈프로듀스101〉처럼 참가자들의 스토리로 절반은 채워지는 오디션 프로그램이나, 〈비긴어게인〉처럼 음악을 테마로 하는 예능, 〈인사이드 르윈〉, 〈위플래쉬〉, 〈원스〉 같은 음악 영화 말이다. 아이돌 음악을 즐겨 듣지는 않지만 아이돌의 뮤직비디오는 즐겨 본다. 케이팝 아이돌의 음악은 노래와 안무와 패션이 어우러질 때 서사가 생겨나고 하나의 콘텐츠로 완성된다고 생각한다.

사실 음악이라는 콘텐츠의 특성을 들여다보면, 서사를 만들어내는 것은 음악 자체보다 아티스트가 중심이 될 때가 많다. 최근의 음악 비즈니스에서 음악보다 아티스트를 파는 쪽이 파이가 훨씬 큰 것을 감안한다면, 투자 관점에서는 오히려 나처럼 아티스트를 소비하는 사람들이 수익을 내기에 유리할 수 있을 것이다.

케이팝 역시 한국 드라마와 다르지 않다. 글로벌에서의 인기가 기획사의 주가를 견인한다. 박진영이 이끄는 JYP엔터는 이를 잘 보여주는 가장 대표적인 종목일 것이다. 트와이스가 일본에서 큰 인기를 얻으면서 2017년 4000원대였던 JYP의 주가는 2018년 3만 8000원 수준까지 상승한 바 있다. 9배가 넘는 급격한 상승률이었지만 당시 유럽에서 다른 일들로 바빴던 나는 그 기회를 잡지 못했다.

사실 트와이스의 팬덤은 그보다 훨씬 전인, JYP의 주가가 최저점이었던 2015년에 방영된 〈식스틴〉에서 시작되었다. JYP에 소속된 여자 연습생들끼리 경쟁해서 트와이스의 멤버를 선발하는 리얼리티 예능으로, 엠넷과 네이버TV에서 방영되었다. 나는 뒤늦게 트와이스에 빠져 2018년이 되어서야 〈식스틴〉을 챙겨봤는데, 진즉 봤더라면 나 역시 JYP 주식을 매수했겠구나 하고 뒤늦은 후회를 했다. 나의 게으름을 자책할 수밖에.

하지만 늘 그렇듯 비슷한 기회는 주기적으로 찾아온다. 트와이스의 인기가 점점 잦아들고, 코로나 여파로 공연 수입이 줄어든 2020년 초, 〈니지 프로젝트Nizi Project〉를 챙겨보기 시작했다. 한국의 JYP엔터테인먼트와 일본의 소니 뮤직이 공동 제작한 리얼리티 프로그램으로, 과거 트와이스의 〈식스틴〉처럼 박진영이 진행을 맡아 새로운 걸그룹 멤버를 선발하는 방식이었다. 일본에서 큰 관심을 끌었지만 한국에서는 소수의 JYP 팬들만 그 존재를 알고 챙겨보고 있었다.

프로그램은 일본에서만 방영되었는데 한글 자막과 함께 유튜브에 올라온 몇 편을 보면서 여기서 탄생할 걸그룹이 일본에서 큰 인기를 얻겠다는 확신이 들었다. 한국의 아이돌 그룹이 일본에서 큰 인기를 누리는 걸 내심 못마땅해하는 일본인들이 많다는 사실을 잘 알고 있었기에, 일본 멤버들로만 결성된 완성도 높은 걸그룹에는 엄청난 팬덤과 미디어의 지원 사격이 이어질 거라 보았고, JYP 주식을 망설임 없이 매수했다.

이렇게 경험과 분석을 통해 확신이 들면 투자 금액을 다소 크게 가져갈 수 있다. 실제 〈니지 프로젝트〉로 탄생한 니쥬NiziU는 데뷔 후 일본 내 인기가 높아졌고 그 사실이 한국에도 점차 알려지면서 JYP 주가는 오르기 시작했다.

다만 아쉬웠던 부분도 있다. 코로나의 장기화를 감안해 주식을 다소 일찍 팔았다는 점이다. 하지만 JYP의 주가는 내가 주식을 정리한 후에도 꾸준히 상승했다. 이럴 때는 분명 아쉬움도 들지만 리스크 관리 차원에서 어쩔 수 없다는 생각으로 마음을 다잡는다. 마음챙김은 언제나 챙겨아 할 개인 투자자의 필수 덕목이다.

비슷한 시기, 와이지엔터테인먼트에도 기회는 있었다. 무수한 사건사고로 YG의 주가는 이미 바닥을 친 상태였는데, 그 와중에 블랙핑크의 인기가 심상치 않았다. 소녀시대, 카라, 트와이스, 아이즈원 등 한국을 넘어 해외에서 활약한 끈 걸그룹들의 인기가 일본을 비롯한 아시아권에 그친 데 반해, 블랙핑크는 서구권에서도 큰 인기를 얻고 있었다. 스포티파이의 팔로워 수, 유튜브 구독자 수의 증가 추세가 이를 뒷받침했는데, 멤버 대부분이 영어가 자유롭다는 점, 여성적인 외모와 걸크러시 스타일에서 오는 반전 매력, 동양적 세련됨이 인기의 원인이라 보았다. 워낙 주가가 낮았기에 신곡 'How You Like That'이 발표되기 전날 YG 주식을 매수했다. 이런 경우는 음원을 듣기 전에 단행하는 매수이기에 리스크가 크다. 그래서 소액만 투자했다.

해당 곡은 최단 기간 유튜브 1억 뷰 달성 신기록을 세웠고 누적 7억 뷰를 넘길 정도로 큰 인기를 끌었다. 덕분에 YG의 주가역시 상승 곡선을 그렸는데, JYP와 같은 이유로 일찍 주식을 정리해서 그 수혜를 온전하게 입지는 못했다.

반면 소속 그룹의 인기와 경쟁력을 인지하고도 소속사 주식에투자하지 않은 경우도 있다. 바로 BTS의 소속사 빅히트 엔터테인먼트. 공모가가 지나치게 높다고 생각했기 때문이다. 실제 상장직후 빅히트의 주가는 큰 폭으로 하락해 사회적 논란이 되기도했다. 물론 현재는 상장 초기의 고점으로 거의 회복한 상태다.

BTS의 가치는 빅히트 상장 전 대한민국의 투자자라면 누구나알고 있던 사실이다. 이런 경우에는 추가 수익을 내기가 어렵다.남들이 보지 못하는 희소성 높은 기회를 포착해야 투자가 수익으로 이어지는 법이다.

오늘날 스타는 곧 브랜드다. 따라서 엔터테인먼트 주식에 투자할 때는 단순한 인기가 아니라 브랜딩 관점의 접근법이 잣대가된다. 스타의 브랜드 자산은 팬들의 브랜드 충성도, 브랜드 인지도, 지각된 품질, 브랜드 이미지, 독점적 브랜드 자산 등의 요소를두루 고려해야 한다. 이런 브랜드 자산을 수익으로 연결하는 기획사의 역량 또한 평가 대상이 된다.

JYP Ent.
KOSDAQ: 035900

37,000 KRW

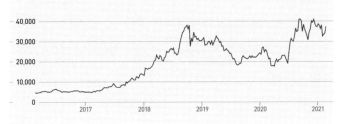

와이지엔터테인먼트
KOSDAQ: 122870

46,900 KRW

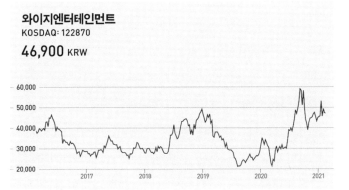

JYP엔터와 와이지엔터테인먼트는 해외 시장에서의 활약으로 하락세였던 주가를 반등시
켰다.

멤버들의 군입대, 멤버 간 불화, 재계약 이슈 또한 '브랜드 리스크'라는 관점에서 살펴봐야 한다. 무엇보다 대부분의 엔터테인먼트 기업들이 지속적으로 새로운 스타를 배출할 수 있는지, 즉 지속적으로 새로운 브랜드를 시장에서 성공시킬 수 있는지도 중요하다. 소비재로 비유하자면 P&G, 유니레버 같은 글로벌 기업들이 그랬던 것처럼.

마케터의 투자 요령 1

우리는 큰 사건이 일어날 때마다 입버릇처럼 '역사는 되풀이된다'는 말을 한다. 국가의 역사뿐 아니라 경영의 세계에서도 역사는 되풀이된다. 역사까지는 아니어도 비슷한 사례가 잊을 만하면 일어나곤 한다. 케이스 스터디는 사례 중심의 연구 방법론을 의미하는데, 경영학에서는 특히 하버드 비즈니스 스쿨이 케이스 스터디로 유명하다. 케이스 스터디는 그 결과를 일반화하기 어렵다는 점에서 일부 학자들로부터 비판받기도 하고, 케이스 스터디를 채택하지 않는 비즈니스 스쿨이 월등히 많은 것도 사실이지만, 기업의 마케팅 실무자 입장에서는 케이스를 많이 아는 것 자체가 경쟁력이다. 대부분의 마케팅 프로젝트가 과거의 성공 사례를 벤치마킹하거나 실패 사례를 보완해서 실행하기 때문이다.

케이스 스터디를 많이 아는 것은 투자에도 분명 도움이 된다. 특히 다양한 나라의 케이스 스터디를 알아둘 필요가 있다. 한 나라에서 성공한 비즈니스 사례가 시차를 두고 다른 나라에서 재현되는 일이 흔하기 때문이다.

음악 스트리밍 서비스의 성장이 좋은 사례가 아닐까? 한국은 1999년 탄생한 벅스를 시작으로 뮤직 스트리밍이 전 세계에서 가장 먼저 자리잡은 나라다. 가장 큰 수혜자는 멜론인데 원래 SK텔레콤에서 시작했다가 자회사 로엔엔터테인먼트로 넘겨진 바 있다. 이후 로엔의 지분 대부분은 사모펀드에 매각되었다가 2016년 카카오가 100% 인수하여 자회사 카카오M이 되었다. 현재는 카카오와 카카오M이 합병해 카카오가 직접 멜론 서비스를 운영하고 있다. 가수 아이유의 소속사이기도 했던 로엔엔터테인먼트는 멜론의 성장 덕에 역대급 주가 상승 곡선을 그린 기업으로 개인 투자자들에게 알려졌다.

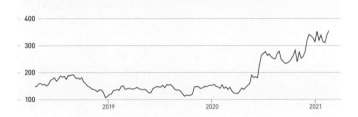

Spotify Technology SA
NYSE: SPOT

355.19 USD

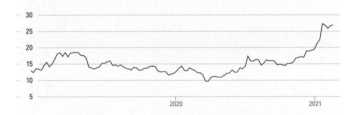

Tencent Music Entertamant Group - ADR
NYSE: TME

26.64 USD

한국의 음원 스트리밍 서비스 성공사례를 기억한다면, 스포티파이와 텐센트 뮤직에 투자하기를 주저할 이유가 없을 것이다.

한국이 음원 스트리밍 서비스가 가장 먼저 발달한 국가이므로 로엔의 선례를 아는 투자자라면 각 지역의 1등 스트리밍 서비스는 급격히 성장할 거라는 사실을 예측했을 것이고, 다른 국가의 투자자들보다 더 적극적으로 투자할 수 있었을 것이다. 가령 글로벌 음원 스트리밍 서비스는 스포티파이와 애플 뮤직이 양분하고 있고, 중국에서는 텐센트 뮤직이 시장점유율 60% 이상을 차지하고 있다. 애플 뮤직이 애플의 전체 사업에서 차지하는 비중이 낮다는 점을 감안할 때 한국의 개인 투자자들이라면 스포티파이와 텐센트 뮤직을 주목했어야 하지 않았나 생각한다. 스웨덴 기업인 스포티파이, 중국 기업인 텐센트 뮤직은 모두 뉴욕 증시에 상장되어 있다. 두 종목 모두 상장 당시 높은 공모가 때문에 거품 논란이 있어 상장 초반에는 부침이 있었으나, 상장 후 제법 시간이 지난 현재는 지속적으로 상승세를 이어가고 있다.

이처럼 평소에 다양한 기업 및 브랜드 사례를 숙지하고 있어야 하는 마케터의 특성은 투자에서도 경쟁력이 된다.

선수가 날면 브랜드가 뜨고, 주가는 오르고

넷플릭스 등 스트리밍 기반 OTT 서비스가 성장하면서 스포츠 리그 및 구단들의 가치는 천문학적으로 높아졌다. 이유는 순전히 광고 때문이다. 24시간 콘텐츠에 접속 가능한 데 더해 구독모델이 일반화되면서 광고의 입지는 줄어들었는데, 그 와중에 스포츠 경기는 여전히 생방송 수요가 높아 광고가 붙을 수 있는 희소한 콘텐츠로 부각된 것이다. 높아진 수요는 스포츠 구단의 가장 큰 수익원인 중계권료 상승과 직결된다. 단적인 예로 샌프란시스코를 연고지로 하는 NBA의 골든스테이트 워리어스는 현 구단주인 조 레이콥Joe Lacob과 피터 거버Peter Guber가 2010년 약 5000억 원에 인수했는데 2021년 현재의 가치는 무려 5조 원이 넘는다. 10년 사이 10배 넘게 뛴 셈이다. 2019-20 시즌 영국 프리미어리그 우승팀 리버풀의 구단 가치 역시 10년 동안 4배가량 상승한 것으로 알려져 있다. 덕분에 2011년 약 70억가량의 리버풀 구단 지분을 매입한 NBA의 최고 스타 르브론 제임스는 큰 투자 수익을 얻었다. 석유 재벌로 유명한 만수르가 인수한 리버풀의 라이벌 맨체스터시티의 가치 역시 말할 것도 없이 크게 상승했다.

다만 이러한 스포츠 구단들의 가치 상승은 만수르나 르브론 제임스 같은 특별한 사람들만이 맛볼 수 있는 과실이었다. 물론 뉴욕 증시에 맨체스터 유나이티드와 NBA의 뉴욕 닉스, NHL의 뉴욕 레인저스를 비롯한 여러 구단, 경기장을 포함한 부동산 자산과 케이블 방송국을 소유한 메디슨 스퀘어 가든 스포츠Madison Square Garden Sports 등 몇몇 구단들이 상장되어 있기는 하나, 대부분의 경우 주가가 구단 성적이나 수익과 직결되지는 않는다. 낮은 유동성, 구단주가 전권을 휘두르는 구시대적인 경영방식 등이 그 원인으로 보인다. 이 때문에 상장된 스포츠 구단의 주식에 투자하는 것은 해당 구단의 스포츠팬이라 해도 추천하지 않는 편이다.

제한적이긴 하나 스포츠 팬들이 스포츠와 관련해 투자 수익을 낼 수 있는 기회가 전혀 없는 것은 아니다. 대체로 좋아하는 팀 또는 선수에 관심을 쏟다 보면 자연히 스포츠와 관련된 투자 기회를 보게 된다.

내 경우에도 마찬가지였다. NBA와 유럽축구를 무척 좋아한다. 회사에 다니느라 경기 전체를 챙겨 보기는 어렵지만 매일 아침 눈을 뜨면 전날 경기의 하이라이트를 챙겨보는 것으로 하루를 시작한다. 야구, 골프, 테니스 또한 경기결과 정도는 매일 확인한다. 특히 NBA 같은 경우는 미국 증시보다 먼저 확인할 만큼 좋아하며, 아직까지 갖고 있는 NBA 선수 카드만 수천 장이다.

이번 시즌에는 골든스테이트 워리어스의 슈퍼스타 스테판 커리를 응원하다가 기회를 발견했다. 투자를 하면서 새삼 느끼는 건 무언가를 좋아하거나 누군가를 응원할 때 투자의 기회가 찾아온다는 사실이다.

골든스테이트 워리어스는 2015년 시즌부터 2019년까지 5년 연속 결승에 진출했고 그중 3번이나 우승한 2010년대 NBA 최고의 인기 팀이다. 워리어스에서 데뷔한 커리는 만년 꼴찌 워리어스를 최강팀으로 끌어올린 주축 선수다. 커리는 기존 NBA 선수들과는 조금 다르다. 아니, 많이 다르다. 일반적으로 성공한 NBA 선수의 클리셰는 가정환경은 불우했지만 월등한 신체조건과 운동능력 덕분에 농구선수로 발탁되었다는 신데렐라 같은 스토리다. 반면 커리는 신체조건도 운동능력도 다른 선수들에 비해 뛰어나지 않다. 데뷔 초기 부상도 잦아 커리어를 길게 가져가지 못할 거라는 예상도 많았다.

그러나 커리는 대학 시절부터 역대급 3점 슈터였다. 단순히 3점을 잘 넣기만 한 게 아니었다. 높은 확률로 많이 던지며, 3점슛 라인 바로 앞에서 던지는 게 아니라 3점 라인 밖이면 어디서든 던졌다. 그를 막기 위해 상대편 수비들은 외곽으로 나와야 했고, 커리는 그렇게 생긴 공간을 놓치지 않고 절묘하게 패스를 넣어 상대 수비진을 붕괴시켰다. 즉 커리는 단순히 농구를 잘하는 것이 아닌 NBA의 패러다임 변화를 이끈 혁신적인 선수였다. 덕분에 2년 연속 MVP를 수상했고 세 차례 우승, 다섯 차례 결승 진출이라는 대업적을 달성할 수 있었다.

이러한 커리의 슛 감각은 사실 유전적 요인과 조기 교육의 산물이다. 커리의 아버지 델 커리는 3점슛으로 유명한 NBA의 스타 선수였으며, 스테판 커리의 남동생 세스 커리 역시 현재 필라델피아 소속으로 리그 최고의 현역 3점 슈터 중 한 명으로 꼽힌다. 소위 NBA판 금수저인 데다 플레이 스타일 역시 다른 스타 선수들과 판이하게 달라, 상당 기간 다른 선수들의 견제와 시기를 받아왔다. 물론 그 모든 걸 실력으로 이겨냈기에 NBA 혁신의 아이콘으로 자리잡을 수 있었겠지만. 참고로 골든스테이트 워리어스 구단주는 VC 출신으로 구단을 인수 후 스타트업 경영 방식을 도입하여 성적을 빠르게 끌어올렸다. 커리는 실력뿐 아니라 브랜드 아이덴티티 차원에서도 워리어스 구단에 꼭 필요한 선수인 셈이다.

이런 커리가 19-20 시즌에는 부상 때문에 거의 경기를 뛰지 못했다. 5년 연속 플레이오프에서 결승에 진출한다는 건 5년 연속 다른 팀 선수들보다 더 많은 경기를 뛰고, 비시즌에는 적게 쉰다는 사실을 의미한다. 무리한 출전으로 피로가 누적되면서 19-20 시즌 워리어스의 주축 선수인 커리, 클레이 톰슨, 드레이먼드 그린은 크고 작은 부상으로 경기를 거의 뛰지 못했고, 워리어스에서 다른 팀으로 이적을 단행한 또 다른 슈퍼스타 케빈 듀란트 역시 한 경기도 뛰지 못했다. 그 결과 워리어스는 리그 꼴찌에 가까운 성적으로 시즌을 마무리했다.

커리와 워리어스의 부진은 곧 스포츠 용품 브랜드 언더아머 Under Amour의 실적 부진으로 이어졌다. 1996년 창업한 언더아머는 창업 초기부터 기능성에 초점을 맞춘 제품 개발에 집중하면서 가장 혁신적인 브랜드로 자리잡았다. 남다른 기능성을 앞세워 지속적으로 성장한 결과, 언더아머는 매출 기준 북미에서 나이키에 이어 두 번째 스포츠 용품 브랜드로 올라섰다. 주가 역시 상승했는데 이때 결정적 역할을 한 것이 바로 스테판 커리와의 장기 계약이었다.

농구화는 미국 스포츠 용품 산업에서 가장 규모가 큰 카테고리다. 혁신적인 플레이를 하는 커리의 이미지와 언더아머의 혁신적 브랜드 아이덴티티는 잘 맞아떨어졌고, 이로 인한 시너지는 폭발적이었다. 커리의 농구화 시리즈 판매량에 따라 언더아머의 주가가 좌지우지될 정도였다. 다만 2015년 정점을 찍었던 주가는 언더아머의 전략적 실패와 창업자의 트럼프 지지 선언, 2019년 커리의 부상, 2020년에는 코로나까지 맞물리면서 2011년 수준으로 주가가 하락했다.

그러던 찰나 2020년 10월 개막한 NBA 시즌 경기에서 스테판 커리가 전성기 시절의 퍼포먼스를 선보이면서 언더아머의 주가 역시 부활했다. 게다가 막대한 자본력을 바탕으로 수많은 선수들과 계약을 맺는 나이키와 달리 언더아머는 소수의 선수들만 엄선하여 계약을 맺는데, 커리는 물론 필라델피아 세븐티식서스의 주전 센터 조엘 엠비드까지 MVP급 활약을 펼쳤다. 무엇보다 2020년 12월 중순 언더아머 커리 시리즈의 '커리 플로우 8' 출시가 예고되었기에, 상반기부터 반등하고 있던 언더아머 실적이 계속 상승할 것을 감안하면 투자해도 될 타이밍이 아닐까 싶었다.

실제 커리와 엠비드 모두 리그 중반인 2021년 2월 현재까지 MVP 경쟁을 하고 있고, 커리 플로우 8의 반응도 좋아 언더아머의 주가는 계속 상승 중이다. 사실 대부분의 운동선수들은 나이키를 선호하기에 언더아머는 좋은 선수들을 영입하기가 어렵고,

영입한다 하더라도 나이키보다 큰 계약금을 제시해야 하기 때문에 제약이 크다.

참고로 2020년 2월 기준 각 스포츠 용품 브랜드의 시가총액은 나이키가 약 200조 원, 아디다스/리복이 약 80조 원, 언더아머가 약 10조 원이다. 룰루레몬의 시가총액이 50조 원에 육박하니 언더아머를 넘어서 아디다스, 리복을 빠르게 따라잡고 있는 셈이다.

이처럼 스포츠 용품 브랜드의 주가, 특히 나이키보다 규모가 작은 브랜드는 후원하는 간판 선수가 뛰어난 활약을 펼치면 주가가 상승한다. 마이클 조던과 타이거 우즈 이후 지속적으로 커진 스타 마케팅의 영향력 덕분이다. 스포츠 마케팅의 근간은 말할 필요도 없이 선수다. 마케터라면 최소한 주요 브랜드가 후원하는 주요 선수들을 파악해 그들의 활약을 지속적으로 지켜볼 필요가 있다. 이러한 마케터의 업무적 특성 또한 일반 재무적 투자자보다 우위를 지닐 수 있는 요소라 생각한다.

한때 마케터들 사이에서 마인드 맵mind map이 큰 인기를 끌었다. 마인드 맵이란 자신이 읽고 생각하고 분석하는 모든 것들을 마음속에 지도를 그리듯, 그 계층구조를 정리하는 일종의 사고 흐름 정리법이다. 머릿속에 흩어져 있던 정보와 생각이 연결되면서 선명한 생각의 흐름을 그려 나간다. 나 역시 한때 열심히 마인드 맵을 쓰곤 했는데, 이런 마인드 맵을 활용한 기록법이 때로는 투자 기회를 찾는 데도 도움이 된다. 최소한 내 경우에는.

하루는 호주의 e스포츠 관련 기사를 읽게 되었다. 태평양 저편에 있는 호주는 아름답지만 심심하고 무료한 나라로 유명하다. 땅은 넓은데 인구 밀도는 낮고 짧은 역사로 문화적 유산도 부족하기 때문이다. (꼭 그렇다고만은 할 수 없지만) 1인당 도박 지출이 세계에서 가장 높을 만큼 호주의 도박이 발달한 이유일 것이다. 정부 역시 도박에 관대하다. 각종 도박 관련 광고가 허용되며, 술집을 비롯한 도처에 슬롯머신이 있고 카지노, 슬롯머신, 복권, 스포츠 토토까지 다양한 종류의 도박이 즐비하다.

그런 마당에 코로나19로 인해 전 세계의 스포츠 리그가 중단된 사태(?)는 호주인들에게 큰 영향을 미쳤다. 경기가 열리지 않으면 베팅을 할 수 없기 때문이다. 그렇다고 하던 걸 안 할 리는 없고, 웃프게도 코로나를 기점으로 크게 발달한 것이 호주의 e스포츠 산업이다. 사실 코로나 전에도 호주는 남녀노소를 가리지 않고 국민의 절반 이상이 한국의 페이커가 활약하는 리그 오브 레전드를 비롯한 e스포츠를 즐기는 e스포츠 강국이었다. e스포츠 도박이 허용되자 노인들조차 리그 오브 레전드의 룰을 공부하기 시작했고, 스포츠 펍에는 e스포츠 중계를 틀어놓기 시작했다. 자본주의의 힘은 이처럼 위대하다.

비슷한 시기에 마이클 조던이 판타지 스포츠 및 스포츠 베팅 기업 드래프트킹스Draftkings의 고문 겸 주주가 되었다는 기사를 읽었다. '참, 드래프트킹스가 있었지…' 잊고 있던 회사가 조던 덕에 떠올랐다. 머릿속에서 두 기사가 연결되었다. 코로나로 스포츠 리그가 중단되면서 팬들의 스포츠 베팅에 대한 갈증이 생긴 상황. 그 수요의 일부가 e스포츠 쪽으로 흘

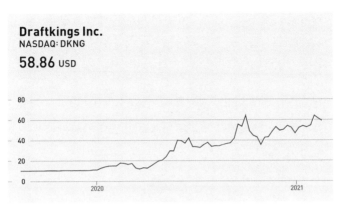

Draftkings Inc.
NASDAQ: DKNG

58.86 USD

중지됐던 스포츠 리그가 재개되면서 함께 상승세를 탄 드래프트킹스 주가.

러갈 정도로 강한 욕망.

　NBA를 비롯한 대부분의 스포츠 리그가 막 재개되던 시점이었기에 드래프트킹스의 주가 역시 상승 여력이 있지 않을까 싶었다. 게다가 마이클 조던이 누군가. 선수 시절부터 농구뿐 아니라 블랙잭, 내기 골프를 즐기는 것으로 유명했고, 은퇴 후에는 사업과 투자에서 강한 승부욕을 보이기로 유명한 사람 아닌가.

　게다가 조던은 단순한 사업가가 아니라 세계적으로 가치가 높은 글로벌 브랜드 그 자체다. 그런 그가 그저 그런 회사의 주주이자 고문으로 취임했을 리 없다는 데까지 생각이 미치자, 드래프트킹스의 투자를 비교적 쉽게 결정할 수 있었다. 즉 코로나, 스포츠 중계, e스포츠, 스포츠 베팅, 호주, NBA 재개, 마이클 조던이라는 키워드들이 연결되어 드래프트킹스 투자로 이어진 셈이다. 마인드 맵으로 얻은 내 나름의 쓸모라 할 수 있겠다.

내게 콘텐츠를 보는 행위는 일상과 구분하기 어려울 정도로 아주 오래된 취미생활이다. 몸에 배어 있다고 봐도 좋을 만큼 할애하는 시간도 가장 많다. 외려 그래서인지 다른 취미들보다 콘텐츠에 대해서는 투자와 연결 지어 깊이 있는 공부를 상대적으로 덜한 듯하다. 투자를 해도 소소한 액수에 그칠 때가 많다. 투자라는 생각보다는 취미의 연장에 가깝기 때문이다. 그저 스포츠팬들이 스포츠 토토를 구매하면서 돈을 벌려고 하기보다는 경기를 좀 더 흥미진진하게 즐기는 것처럼.

그렇다면 이것이야말로 진정한 의미의 취미 아닐까? 개인적으로는 단기 투자를 선호하지 않지만 콘텐츠 관련 투자에 한해서는 호흡도 짧은 편이다. 어쩌면 콘텐츠를 소비하는 과정에서 콘텐츠 관련 기업에 투자하는 것은, 투자 자체의 목적보다 마케터로서 콘텐츠 흐름에 대한 촉을 날카롭게 유지하려는 의도가 더 클지도 모르겠다. 그야말로 마케터이기에 마음껏 즐길 수 있는 투자인 셈이다.

요가,
마음챙김과 힐링이라는 서비스

친구가 그랬다. 코로나는 해오던 것을 관두는 시기이기도 하지만, 새로운 것을 시작하는 시기이기도 하다고. 주위를 둘러보니 모두들 무언가를 시작하고 있었다.

나 역시 요가를 시작했다.

모든 시작에는 이유가 있지만 코로나 시기에 무언가를 시작하는 것은 '지루해진 일상을 견디기 위해 혹은 현실에 적응하기 위해'라는 명확한 단서가 붙는다. '코로나블루'라는 신조어도 생겼는데, 코로나19 확산으로 일상에 큰 변화가 닥치면서 생긴 우울감이나 무기력증을 뜻한다. 내 경우는 코로나블루라 부르긴 뭐하지만, 지난 몇 년 동안 스트레스를 해소하는 주요 수단이자 경험을 충전하는 기회였던 '여행'이 삶에서 사라졌기에 그 대체재를 찾을 필요가 있었다.

여행이 왜 좋았을까? 마케터이기에 여행지에서 얻을 수 있는, 새로운 경험 자체만으로도 좋았을 것이다. 하지만 그게 전부는 아닌 듯하다. 일상의 관계로부터 해방되는 자유로움이랄까? 우리의 일상은 대개 가족을 포함한 타인, 업무, 루틴 등으로 이루어져 있다. 즉 공고한 관계가 바탕이 된다. 그 관계는 우리의 삶을 유지해주는 근간이자 동력이 되지만 때로는 그 관계에서 피로함을 느낀다. 여행은 그 모든 관계로부터 벗어날 수 있는 시간이다. 조금 진부하긴 해도 누구나 여행 하면 '힐링'이라는 말을 입에 올리는 것도 이 때문일 것이다.

그런 여행을 대체할 '무언가'를 찾아야 했다. 나뿐 아니라 누구나 자기만의 방식으로 자신의 마음을 관리하는 노력과 요령이 필요한 시대가 아닐까 싶다.

가장 먼저 떠올린 건 해외에 오래 머물렀기에 좀처럼 해볼 기회가 없었던 템플스테이. 절에 가는 걸 좋아한다. 절 특유의 향 내음, 경전 읽는 소리, 건강한 사찰음식 등 절에는 내가 좋아하는 것들이 가득하다. 넷플릭스에 올라온 정관스님의 다큐[24]를 보고 더더욱 템플스테이를 해보고 싶었다. 파리에서도 아침마다 향을 피웠던 습관, 이따금 반복해서 읽었던 법정 스님의《무소유》나《법구경》같은 책들이 은연중에 영향을 미쳤을지도 모르겠다. 하지만 결과적으로 템플스테이 또한 코로나 때문에 시도하기에 적절한 시기는 아니었기에 나중으로 미룰 수밖에 없었다.

다음 대안으로 떠올린 건 명상. 마침 주변에서 명상에 대한 관심이 늘어나는 것이 느껴졌다. 캄Calm 같은 명상 앱들이 큰 금액의 투자를 유치했다는 기사도 눈에 띄었다. 나도 캄과 코끼리를 다운받아 쓰기 시작했다. 기업가치가 1조 원을 넘어서는 유니콘이 된 캄은 방대한 콘텐츠 양이 강점인 반면, 혜민스님과 저널리스트이자 수제맥주 스타트업 더부스의 공동창업자인 다니엘 튜더가 창업하여 론칭한 명상 앱 코끼리는 한국인 이용자들에게 최적화된 한국어 콘텐츠가 강점이었다.

그런데 문제가 하나 있었다. 막상 해보니 내가 명상을 별로 좋아하지 않는다는 사실이었다. 하루 중 많은 시간을 산책하면서 생각하고, 목욕이나 샤워를 길게 하면서 머리를 비우는 데 할애

119

5장 _ 요가, 마음챙김과 힐링이라는 서비스

한다. 그러한 나의 행위들이 어떤 의미에서는 명상과 비슷한 효과가 있다고 여겼다. 반면 (일부러) 앉아서 명상만 하는 건 뭔가 지루했다. 명상에만 온전히 시간을 쓴다고 생각하니 본능적으로 시간 소비의 ROI를 따져보게 되었다.

게다가 명상 앱의 콘텐츠가 인위적으로 느껴진 것도 한몫했다. 명상 앱들은 유저들이 명상하는 데 도움이 되도록 보통 음성, 음악, 자연의 소리 등을 배경으로 깔아두는데, 나는 다소 거부감이 들었던 것도 사실이다. 마이클 잭슨, 마돈나, 스티브 잡스, 빌 게이츠 등 여러 유명인을 비롯한 수많은 사람들이 심취했다는 명상이지만 범인인 내게는 무용지물이었다.

룰루레몬의 전략에 투자로 동의한 이유

일과 달리 취미의 좋은 점은 나와 맞지 않다 싶으면 죄책감 없이 빠르게 손절해도 된다는 점이다. 나는 여행을 대체할 수 있는 새로운 취미를 찾아봤고, 결과적으로 호흡을 기반으로 한다는 점에서 명상과 비슷하면서도 몸의 움직임이 있는 요가를 선택했다. 요가원 등록이 그 시작이었다.

요가를 시작하고 나서 내게 명상이 어려웠던 이유를 알게 되었다. 가만히 앉아 있는 상태에서는 오히려 생각을 비우기 어려웠다.

자꾸만 일 생각이 났다. 반면 요가를 할 때는 몸을 움직이면서 호흡에 집중, 유지해야 했기에 딴생각이 끼어들 새가 없었다. 생각을 비워야 한다는 과제가 자연스레 해결된 셈이다.

그리고 요가는 의외로 재미있었다. 요가는 유연해야 잘할 수 있다는 선입견과 달리, 유연성 못지않게 근력과 균형감각이 요구되는 운동이다. 세 요소와 관련된 역량을 조금씩 높여가는 과정에서 나름의 잔재미를 느꼈다.

요가와 관련해 잊지 못할 경험은 단연코 '랜선 요가'였다. 한창 요가에 재미를 붙여가던 시기에 코로나 확진자가 증가하면서 실내 체육시설 운영이 중단되었다. 요가원에서는 희망자에 한해 비대면 랜선 요가 클래스로 전환할 수 있는 옵션을 제시했다. 같은 돈을 지불하고 비대면으로 하자니 뭔가 손해보는 기분도 들었지만, 이참에 홈트레이닝, 일명 홈트도 한번 경험해보자는 마음으로 신청을 했다.

처음 경험해보는 홈트였다. 장비나 공간이 그리 많이 필요치 않은 요가는 비대면에 무척 적합한 운동이라는 사실도 깨달았다. 좀 더 깊이 있는 비대면 요가를 경험하고 싶어 내친 김에 일대일 요가 레슨도 신청했다.

결과적으로 내게는 랜선 요가가 요가원에서의 대면 클래스보다 만족스러웠다. 일단 요가원에 가지 않아도 된다는 점이 좋았다. 오가는 시간을 아낄 수 있다는 점, 무엇보다 내가 가장 편한 공간에서 다른 사람들을 의식하지 않고 요가에 집중할 수 있다는 점도 마음에 들었다.

그렇지만, 역시 나는 나였다. 마음챙김의 일환으로 시작한 요가를 하는 중에도 결국 투자를 떠올렸고, 랜선 요가를 계기로 룰루레몬의 주식 보유량을 늘린 것이다. 요가를 시작하고 룰루레몬의 제품과 용품들을 본격적으로 소비하기 시작했다. 새로 산 바지만 4벌, 일상에서도 룰루레몬을 입는 빈도가 늘어났다. 룰루레몬은 편하면서도 일상복으로 입기에 부담스럽지 않은 디자인이 장점이었고, 룰루레몬의 남성복 라인이 얼마나 경쟁력 있는지 몸소 느낄 수 있었다. 한동안은 룰루레몬 바지만 입고 다녔다. 은근한 팬심이 형성되었다. 요가와 함께.

룰루레몬에 대한 브랜드 로열티가 생기자 자연스레 룰루레몬 인스타그램을 팔로우하기 시작했고 룰루레몬 앰배서더의 존재도 알게 되었다. 룰루레몬은 유명 연예인을 광고 모델로 영입하는 대신 매장 인근의 유명 요가 강사, 필라테스 강사, 퍼스널 트레이너 등을 룰루레몬 앰배서더로 선정하여 홍보를 비롯해 다양한 협업을 진행하는 마케팅 전략을 구사한다.

한 가지 재미있었던 부분은 요가 제품이 주력인 룰루레몬임에도, 해외와 달리 한국의 앰배서더 중에는 요가보다 오히려 다른 운동을 하는 분들이 많아 보였다는 점이다. 특히 남성의 경우에는. 한국에서는 아직 요가에 대한 관심, 특히 남성들의 관심이 해외에 비해 초기 단계에 머물러 있음을 의미하는 시그널로 보였는데, 역으로 생각하면 요가는 그만큼 성장할 여지가 크다는 생각도 들었다. 한국만이 아닐 것이다. 많은 나라에서 '마음챙김'을 기반으로 하는 요가가 인기를 얻고 있는 것만 보아도, 요가를 기반으로 하는 룰루레몬의 지속적인 성장을 기대하기에 충분했다.

소비자로서 제품의 가치를 깨달았고, 마케터로서 브랜드의 성장 가능성을 엿보았기에, 결과적으로 룰루레몬 주식을 늘리는 선택을 했다. 특히 랜선 요가의 경험은 결정적인 계기였다. 2020년 여름 홈트레이닝용 스마트거울 스타트업 미러Mirror를 약 6000억 원에 인수한 룰루레몬의 투자적 결정에도 공감했다. 요가와 홈트레이닝의 높은 핏, 패션 회사를 넘어 마음챙김이라는 라이프스타일 기업으로 진화하고자 하는 룰루레몬의 방향성과 구체적인 실행전략에 나는 '투자'로서 동의했다!

요가에 관심이 생긴 와중에 우연히 《아무튼, 요가》라는 책도 읽게 되었다. 이 책은 패션 일을 하기 위해 뉴욕으로 간 저자가 우연한 계기로 요가에 입문해 요가 강사로 성장하는 좌충우돌 성장기(?)로, 나 역시 막 요가를 시작한 입장에서 읽는 내내 요가의 고통과 매력에 공감할 수 있었다.

이 책을 읽는 동안 '채식'에도 관심을 갖게 되었다. 요가를 하는 데 필요한 힘과 체력을 기르기에는 오히려 채식이 효과적임을 강조하는 대목이 나왔기 때문이다. 내친김에 아무튼 시리즈의 다른 책 《아무튼, 비건》도 읽었고, 넷플릭스의 〈더 게임 체인저스〉라는 다큐도 챙겨봤다. 채식하는 운동선수들에 관한 이야기였다. NBA를 즐겨 보는 나로서는 이미 카이리 어빙, 크리스 폴, 데미안 릴라드 같은 NBA의 톱클래스 선수들이 여러 단계의 채식주의 중에서도 가장 엄격한 비건이라는 사실을 알고 있었기에 생소한 내용은 아니었다.

채식 관련 콘텐츠를 접하며 나 역시 채식에 관심이 생겼고, 비건까지는 엄두를 내지 못했지만 식단에서 채식의 비중을 크게 늘렸다. 마침 주가가 하락했던 대체육 스타트업 비욘드 미트Beyond Meat의 주식을 매수하는 계기가 되기도 했다. 이미 NBA의 카이

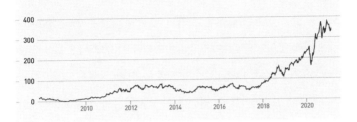

Lululemon Athletica Inc.
NASDAQ: LULU
337.52 USD

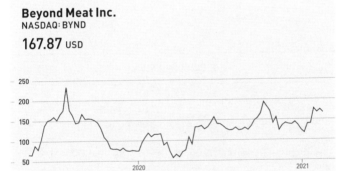

Beyond Meat Inc.
NASDAQ: BYND
167.87 USD

코로나 시국, '마음챙김'이라는 키워드로 요가를 발견했고, 채식으로 확장됐다. 그리고 이는 새로운 투자 기회로 이어졌다.

리 어빙과 크리스 폴은 비건이 된 이후 비욘드 미트의 주주 겸 광고모델로 활동한 바 있다.

투자 수익률이 우상향 곡선을 그리려면, 그전에 생각이 꼬리에 꼬리를 물고 이어져 곡선을 그리는 과정을 거쳐야 한다. 경험 역시 꼬리에 꼬리를 문다. 어찌되었건 여행을 대체할 마음챙김 수단으로 요가를 시작했고, 요가라는 좋은 취미를 얻은 덕에 몇 건의 투자 기회도 발견할 수 있었다. 무엇보다 요가 성지 중 한 곳인 '발리 우붓에서 한 달 살기'가 나의 버킷 리스트에 추가되었다는 점도 큰 소득일 것이다.

마케터의 투자 요령 3

'소비가 미덕'이라는 말이 있다. 마케터라면 특히 새겨야 할 표현이다. 시장에 출시되는 새로운 물건과 서비스를 직접 경험해보는 중에 소비자의 충족되지 않은 니즈와 시장의 변화를 남들보다 빨리 확인할 수 있기 때문이다. 나 역시 가급적 새로운 시도를 해보고자 노력하는 편이며, 이러한 습관이 의외로 투자 기회의 발견으로도 이어지곤 한다.

한국에서는 인기가 그리 높지 않은, 스케쳐스Sketchers라는 미국 운동화 브랜드가 있다. 10년 전쯤 코엑스몰을 돌다가 세일을 하고 있어 우연히 스케쳐스 매장에 들어갔다. 심플한 디자인, 가벼운 무게, 저렴한 가격도 좋았지만 무엇보다 착용감이 마음에 들었다. 실내 운동용, 외부 조깅용으로 두 켤레나 사서 집으로 돌아왔다. 몇 주 신어보니 만족도는 더욱 높아졌다. "이렇게 편한 운동화를 저렴한 가격에 판매하는 브랜드라니…" 생각이 여기까지 미치자 문득 상장사인지 확인해보고 싶었다.

스케쳐스는 뉴욕 증시에 상장되어 있기는 했지만 의외로 주가는 상장 후 10년 넘도록 등락을 이어가고 있었다. 즉 큰 성장이 없었던 것이다. 이상하다는 생각이 들었지만 주가 흐름이 좋지 않은 이유가 있겠거니 하고 투자는 하지 않은 채 넘어갔다. 그랬던 스캐쳐스의 주가는 2011년부터 2015년 사이에 12배 가까이 상승했다. 내가 스케쳐스의 매력을 발견했을 때가 스케쳐스의 인기가 막 높아지기 시작하던 시점이었던 것이다.

그렇게 수년 동안 스케쳐스의 운동화를 즐겨 신었는데 언젠가부터 매장에 들러도 스케쳐스의 제품을 구매하지 않게

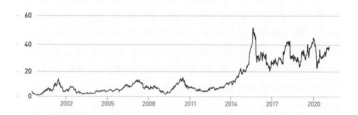

Skechers USA Inc.
NYSE: SKX

36.12 USD

소비자로서 좋다고 느끼는 시점에 주가가 오르고, 매력을 못 느끼는 순간 주가가 하락한다는 점에서 투자자에게도 '소비는 미덕'이다.

되었다. 이유는 단순했다. 마음에 드는 디자인이 없어서였다. 이런 상태가 계속되다 자연스레 스케쳐스는 내게 잊혀진 브랜드가 되었고, 어느 날 우연히 주가를 확인해보니 2015년을 정점으로 계속 하락하고 있었다. 어떤 이유로 스케쳐스 제품의 퀄리티 변화가 생겼는지는 모르겠지만, 소비자가 제품이 좋다고 느끼는 시점에 주가가 오르고, 제품이 별로라고 느끼는 시점에는 주가가 하락했던 것이다.

비록 기회를 놓치기는 했어도 이처럼 소비를 하는 과정에서 투자 기회를 찾아내는 것이 그리 특별한 투자법은 아니다. 워런 버핏과 더불어 월스트리트의 전설적인 투자자로 꼽히는 피터 린치가 대표적인 경우다. 그의 저서 《전설로 떠나는 월가의 영웅》은 개인 투자자라면 한 번쯤 읽어봤을 정도로 한국에서도 유명하다. 책에는 그의 생활 속 투자 에피소드들이 나온다. 매일 아침 출근 시간에 직장인들이 도넛을 먹는 모습을 보고 투자한 던킨도너츠, 아내가 무척 좋아하는 레그스라는 스타킹의 제조사 헤인스, 여행 중 부리또를 먹다가 투자한 타코벨이 대표적이다.

그 외에도 미국의 유명 개인 투자자인 크리스 카멜로가 쓴 《주식을 사려면 마트에 가라》역시 생활 속의 소비에서 투자 기회를 발견하라는 메시지를 담고 있다. 두 책의 메시지는 심플하다. 소비자를 관찰하라. 그리고 그 관찰을 기반으로 투자하라. 소비자를 관찰하는 일을 업으로 삼는 마케터의 투자경쟁력은 결국 관찰인 셈이다.

힐링에서 AI로, AI에서 투자로

요가를 시작하고 자연히 '마음챙김'을 들여다보게 되었다. 그 과정에서 가장 크게 느낀 한 가지를 내 멋대로 '마음챙김의 역설'이라 부른다. 마음챙김에는 돈이 많이 든다. 보통 마음챙김은 혼자 하기 어려워 전문가의 시간과 관심을 요한다. 상담을 받거나 교육을 이수하거나 하는 식이다. 당연히 비용이 높다. 그런데 정작 마음챙김을 필요로 하는 사람들은 높은 비용을 지불할 여력이 부족한 경우가 많다. 이게 내가 생각하는 마음챙김의 역설이다.

그렇다 보니 마음챙김 서비스에 AI가 적극 도입되고 있다. 전문가에게 들어가는 비용을 AI라는 대체 수단을 통해 획기적으로 낮추려는 의도다. 가령 구글은 우울증을 진단하는 AI 기반 장비를 공개했는데, 비지도 학습으로 뇌파측정 과정에서 발생하는 노이즈를 제거하는 데 AI가 활용된다. 음성인식을 통해 목소리만 듣고도 우울증을 조기에 진단하는 기술도 등장했다. 전문가와의 상담 없이도 빠르고 쉽게 우울증을 진단할 수 있는 가능성이 열린 것이다.

AI 기반 챗봇 역시 마음챙김에 AI가 도입된 대표적인 사례다. 얼마 전 화제와 논란이 동시에 있었던 AI 챗봇 '이루다'를 떠올려보면 이해하기 쉬울 것이다. 차별 발언 등의 논란으로 이루다 서비스는 중단되었지만, 개발을 맡은 스타트업 스캐터랩에서는 'AI

가 인간의 친구가 되고, 인간과 의미 있는 관계를 맺고, 외로움을 덜어주는 존재가 될 수 있다'는 취지의 입장문을 냈다. AI 기반 타로, 사주 챗봇 서비스를 운영하는 스타트업 땡스플로우 역시 AI 기반으로 사람들의 마음을 달래주는 서비스를 표방한다. 사주와 타로는 미래에 대한 불안감을 줄여주는 일종의 콘텐츠라 볼 수 있다. 사주와 타로를 보려면 최소 몇 만 원을 써야 하는데, 땡스플로우는 광고를 시청하거나 몇 백 원만 내면 서비스를 이용할 수 있다. 이 모든 것이 AI의 발전 덕이다.

문제는 AI 기반 마음챙김 서비스의 퀄리티가 전문가에 비해 현저히 낮다는 데 있다. 아직 기술의 완성도가 높지 않기 때문이다. AI, 특히 딥러닝의 경우 기술 개발의 진입장벽이 높다. 우선 컴퓨팅 장비, 즉 인프라에 소요되는 비용이 크고, 그 과정에서 필요한 전력 소비량도 만만치 않다.

무엇보다 많은 수의 AI 엔지니어를 확보해야 하는데, 현재 한국뿐 아니라 세계적으로 AI에 대한 수요가 높아서 관련 엔지니어의 공급이 만성적으로 부족하다. 따라서 AI 전문가를 확보하는 것이 대부분의 기업들이 안고 있는 난제다. 오픈 AI, 구글, 페이스북, 테슬라 정도가 자유로울 뿐 한국의 네이버, 카카오 역시 글로벌 IT

기업들에 비하면 터무니없이 부족한 상황이니 한국의 다른 기업들, 특히 규모가 작은 스타트업들은 말할 것도 없다.

이러한 기업들의 니즈에서 새로운 기회를 발견한 기업들도 속속 등장하고 있다. 대표적으로 2020년 말 뉴욕 증시에 상장한 C3.ai를 들 수 있다. C3.ai는 기업의 AI 트랜스포메이션AI Transformation을 돕는 일종의 AI 솔루션 기업이자 플랫폼 기업으로, 기업들의 AI 도입을 기술적으로 지원한다. 오라클의 초기 멤버였던 C3.ai의 창업자 톰 시벨Tom Siebel은 이미 시벨 시스템이라는 CRM 회사를 창업하여 2005년 약 7조 원에 매각한 바 있는 억만장자다. 소프트웨어 산업에서의 풍부한 경험에 자본력까지 갖춘 C3ai인 만큼, 아직 적자를 기록하고 있음에도 많은 투자자들이 그 성장성을 높이 평가하고 있다. 2021년 2월 현재 시가총액이 16조 원이 넘는 것으로 평가받는 C3.ai는 최고의 AI 엔지니어들을 채용하고, 고객들과의 파트너십 체결을 통해 양질의 데이터를 확보하고,[25] 이를 바탕으로 AI 기술을 고도화하여 더 나은 서비스를 제공하는 구조를 만들어냈다. 일종의 선순환이다. AI에 대한 기업들의 니즈가 증가하는 것과 비례해 C3.ai의 매출 역시 빠르게 증가하고 있는 추세다. C3.ai의 티커[26]는 특이하게도 'AI'

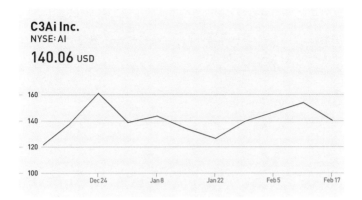

C3Ai Inc.
NYSE: AI

140.06 USD

C3.ai의 티커인 'AI'는 이 기업이 AI 영역을 선점했음을 선언적으로 보여준다.

다. 즉 AI 영역을 선점한 기업이라고도 볼 수 있다. 아직 리스크는 높아 보이지만 상장일에 맞춰 소액 투자한 이유다.

마케팅 공부에서 처음 배우는 것이 '고객중심주의' 관점이다. 고객의 입장에서 그들의 니즈를 인식할 때 찾을 수 있는 기회가 적지 않기 때문이다. 그래서 마케터들은 고객 니즈라는 단어에 무척 익숙하다. 많은 기업들, 특히 새롭게 시작되는 영역에 도전하는 기업이라면 고객들의 충족되지 않은 니즈뿐 아니라 그들이 인지조차 못하는 니즈를 인식할 필요가 있다.

역으로 투자자라면 그런 니즈를 빠르게 캐치하는 역량을 지닌 기업들을 발굴해야 한다. 이 또한 마케터이기에 가질 수 있는 투자자의 무기인 셈이다.

6장

더 이상 게임이 아닌 게임의 세상

포문을 연 건 넥슨이었다.

넥슨은 2021년부터 자회사를 포함해 재직중인 직원 전원의 연봉을 800만 원씩 일괄 인상했다. 자회사 네오플은 전직원에게 150만 원 상당의 아이폰12 프로 맥스까지 지급하기로 결정했다. 넥슨의 발표 열흘 뒤, 넷마블 역시 전사 직원의 연봉을 800만 원 인상하기로 발표했다. 중견 모바일 게임 개발사 컴투스와 게임빌 역시 이 대열에 합류하여 평균 연봉 800만 원 인상을 발표했다. 이후 크래프톤은 개발직군은 2000만 원, 비개발직군은 1500만 원씩 일괄 연봉 인상을 발표했다. 모바일 게임 '랜덤 다이스'로 유명한 강소 게임사 111퍼센트는 전직원 연봉을 50% 인상했다. 코로나 덕에 올린 엄청난 수익의 배분 차원이다.

누군가의 위기가 누군가에게는 이익으로 작용한다. 마음은 아프지만 투자도 비즈니스도 마찬가지다. 게임은 코로나 시대의 최대 수혜 산업이다. 평소 게임을 하던 사람들은 하던 대로, 하지 않던 사람들은 하지 않던 대로 게임을 즐겼다. 밖으로 나갈 수 없기에 집에서 게임하는 시간이 늘어났고, 친구를 만날 수 없기에 게임 상에서 다른 플레이어들과 교류했으며, 여행을 갈 수 없기에 게임 속 월드를 탐험하게 된 것이다.

당연히 2020년 게임 회사들의 매출과 이익 역시 크게 상승했다. 국내 게임업계 1위인 넥슨의 매출은 전년 대비 20%가량 증가한 3조 2305억 원, 2위 넷마블은 매출은 14.8% 증가한 2조 5000억 원, 영업이익은 49% 증가한 2760억 원을 기록했다. 엔씨소프트 역시 전년 대비 42% 성장한 매출 2조 4162억 원을 기록하면서 처음으로 매출 2조 원의 문턱을 넘었으며, 영업이익은 무려 72% 증가한 8248억 원에 달했다.[27] 배틀로얄 형태의 슈팅 게임[28]에 해당되는 배틀그라운드의 제작사 크래프톤은 2020년 상반기에만 매출 8872억 원, 영업이익은 5137억 원을 달성했다.[29] 무려 60%에 육박하는 영업이익률[30]이다.

코로나 기간 동안 게임하는 시간이 증가한 건 나도 예외가 아니다. 아주 작은 차이가 있다면 게임을 즐기면서 게임과, 게임을 제작하는 회사들과, 게임 산업에 관한 공부 및 기록을 병행했다는 점일 것이다. 게임 산업은 콘텐츠 산업 및 IT 산업 전반에서 빠르게 영향력을 키우고 있지만 그에 반해 대중적인 관심은 확실히 덜하다고 느껴진다. 그렇기에 오히려 기회를 발견할 여지가 크다.

물론 게임 산업을 이해하기 위한 진입장벽은 낮지 않다. 게임 산업을 이해하려면 어느 정도의 게임 플레이는 필수인데, 여기에만도 많은 시간이 소요되기 때문이다. 평소 게임을 즐기지 않던 사람이 최소한의 조작 숙련도를 갖추기 위해서는 적지 않은 연습을 해야 한다. 내가 게임에 선뜻 손대지 못하고 본격적인 공부를 미뤄왔던 이유이기도 했다. 결국 코로나가 터지고 나서야 게임 산업에 대한 공부를 본격적으로 시작할 여유가 생겼다. 그 과정에서 느낀 바들, 특히 투자 관점에서 도움이 될 법한 몇 가지 생각들을 기록해보았다.

투자자라면 누구나 게임을 한다

《누구나 게임을 한다》[31]는 제인 맥고니걸Jane McGonigal이라는 박사 출신의 게임 기획자이자 게임 연구자가 쓴 책의 한글판 제목으로, 게이미피케이션을 다룬다. 어릴 때부터 게임을 하면서 자라 게임에 익숙한 세대가 주된 소비층으로 올라서자, 게임 외 다른 영역에도 게임의 요소들이 반영되는 게이미피케이션이 증가했다고 저자는 말한다. 스타벅스 어플과 연동된 스타벅스 로열티 프로그램, 나이키의 달리기 앱 나이키 런 클럽NRC, Nike Run Club 등이 게이미피케이션이 적용된 대표적 사례다. 당근마켓 같은 중고 거래 플랫폼, 틴더와 같은 소셜 데이팅 앱도 게임의 요소들을 차용한 것이다.

저자의 생각에 전적으로 동의한다. 오늘날을 살아가는 모든 사람들은 매 순간 어떤 형태로든 게임을 하고 있다. 심플하게 생각하자. 게임으로 가득한 세상에서는 누구나 게임을 하며 살아가기에 게임, 정확히는 게임의 규칙을 알아두는 건 여러모로 유용하다. 때로는 유리하고.

늘 그렇듯 무언가를 이해하는 일은 '정의'를 확인하는 데서부터 시작한다. 게임의 정의는 사람에 따라 조금씩 다를 텐데, 개인적으로는 문명32 시리즈로 유명한 세계적인 게임 기획자 시드 마이어Sid Meier가 게임 개발자 모임인 GDCGame Developers Conference에서 '게임이란 무엇인가?'라는 질문에 한 답변을 가장 좋아한다.

"게임은 흥미로운 선택의 연속a game is a series of interesting choices"
이라는 정의다.

슈퍼 마리오를 예로 들어보자. 점프해서 위로 올라가는 선택지
와 아래로 내려갈 수 있는 선택지가 있다. 위로 올라가면 적도 없
고 획득할 수 있는 금화도 없는 반면no risk, no return, 아래로 내려
가면 적이 있어 위험하지만 금화를 획득할 수 있다high risk, high
return. 두 선택지의 장단점이 확실하기에 플레이어는 순간적으로
갈등하게 된다. 쉽게 결정할 수 없기에 이 선택지는 흥미롭다. 반
면 위로 올라가면 적도 없고 금화도 획득할 수 있는데, 아래로 내
려가면 적은 있는데 금화까지 없는 상황을 가정해보자. 이건 무
조건 위로 올라가는 선택이 이득인 상황이라 플레이어는 고민할
필요가 없다. 즉 갈등이 없는 흥미롭지 않은 선택지인 셈이다. 시
드 마이어가 말한 게임이란 전자와 같은 흥미로운 선택들이 이어
지는 것을 의미한다.

정의를 이해한 후에는 게임의 구성 요소들을 확인할 필요가 있
다. 제인 맥고니걸에 따르면 게임은 목표goal, 규칙rule, 피드백 시
스템feedback system, 자발적 참여voluntary participation 등 4가지 특
징으로 구성되어 있다고 한다.

시드 마이어가 내린 게임의 정의와 제인 맥고니걸이 말한 게임

의 특징을 연결지어보면, 게임이란 플레이어들이 흥미로운 선택을 하도록 목표와 규칙을 제시하고, 선택에 따라 보상 혹은 패널티를 주며, 그 모든 과정은 플레이어들의 자발적 참여로 이뤄지는 것을 의미한다.

이러한 게임의 정의와 특징은 투자와 매우 비슷하다. 투자 역시 게임과 마찬가지로 매 순간 특정 종목을 매수할지 매도할지, 현 상태를 유지할지 등 선택의 연속이다. 또한 목표(수익을 내는 일 혹은 손실을 최소화하는 일), 규칙(법적 규제, 거래 시간, 거래 조건 등), 피드백 시스템(주가 상승 또는 주가 하락), 자발적 참여(누구도 투자를 강요하지 않음) 등의 특징을 지닌다. 즉 가진 자원을 가장 효율적으로 사용하여 빠르게 목표 달성을 추구한다는 점에서 투자는 게임과 다르지 않다.

게다가 과거에 거래소를 방문하거나 전화로 주식을 거래했던 것과 달리 요즘은 스마트폰으로 거래하기에 액정 화면에서 보는 투자 수익이나 손실은 게임 속 화폐와 사실상 다를 바 없다. 즉 투자를 한다는 건 곧 게임을 한다는 것으로도 볼 수 있다.

Z세대는 가상화폐 거래소나 로빈후드처럼 수수료가 없는 주식 거래 앱을 통해 이른 나이부터 투자를 시작한다. 그들에게 투자

가 낯설지 않은 건 어쩌면 게임에 익숙한 세대이기 때문일 것이다. 반대로 게임은 투자에 대한 이해도를 높이고 투자 실력을 키우는 가장 효과적이면서도 위험이 적은 수단이 될 수 있다. 누구나 투자를 하는 시대에 게임이 지닌 효용성이다. 가장 잉여로운 행위라 평가받던 게임이 가장 생산적인 행위 중 하나인 투자와 연결되다니, 이 역시 아이러니다.

테슬라보다 유니티?

〈포브스〉에 의하면 2021년 한국 부자 순위 20위 안에 게임 산업의 경영자가 6명이나 포함되어 있다. 김정주(NXC[33] 대표이사, 2위), 김범수(다음카카오[34] 의장, 3위), 권혁빈(스마일게이트 의장, 5위), 김택진(엔씨소프트 대표이사, 10위), 방준혁(넷마블 의장, 12위), 이준호(NHN[35] 회장, 17위) 순이다.

여기에 사업 초기 한게임이 벌어들인 현금 덕에 검색엔진 및 포털 서비스 개발에 투자할 수 있었던 네이버의 창업자 이해진(14위), 상장을 앞두고 게임사 슈퍼브를 인수하면서 게임 사업에도 진출한 빅히트의 방시혁 의장(13위), 올해 상장을 앞두고 있는 크래프톤의 장병규 의장[36]까지 포함하면 국내 20위 부자 중 절반에 가까운 9명이 게임과 관련 있는 셈이다. 심지어 조 단위 부자는 9

명이지만 수천억, 수백억, 수십억 대 부자는 수두룩한 곳이 바로 한국의 게임업계다. 즉 게임은 대한민국에서 가장 큰 부의 기회가 존재하는 산업이라 할 수 있다.

이처럼 게임 산업에서 부자가 나올 수 있는 건 게임이 지닌 특성 덕분이다.

첫째, 게임은 한계 비용이 0에 가깝다. 일단 흥행에 성공하면 추가적인 비용 없이 매출을 늘릴 수 있어 이익률이 급격하게 상승한다. 이는 매출에 비례해 인프라 구축 비용과 인건비가 증가하는 쿠팡, 마켓컬리, 배달의민족 같은 전자상거래 서비스들이 성장을 위해 지속적으로 투자를 받아야 하고 그 과정에서 창업자의 지분이 희석되는 것과는 대조적이다.

단적인 예로 스마일게이트는 대표 게임이 크로스파이어 하나뿐이지만 크로스파이어가 올리는 매출과 이익 덕분에 5조 원의 기업가치를 인정받는다. 게다가 현금이 풍부했기에 투자를 받을 필요가 없어서, 창업자 권혁빈 의장은 스마일게이트의 지분 100%를 유지할 수 있었다. 그의 보유자산 가치 역시 5조 원인 이유다. 이 모든 것이 한계비용이 0인 게임의 특성 덕분이다.

둘째, 게임은 월정액제, 광고수수료 및 부분 유료화, 다운로드 콘텐츠DLC, downloadable content 등 수익모델이 명확하고 충실하게 정립된 산업이다. 일단 재미있는 게임을 만들면 책이나 영화 등 다른 장르의 콘텐츠에 비해 돈을 벌기가 월등히 쉽다. 특히 애플과 구글의 앱스토어(모바일)와 스팀 및 에픽스토어(PC) 등의 게임 유통 플랫폼들이 등장하면서 소규모 팀이나 개인도 게임을 만들어 수익을 낼 수 있게 되었다. 한국에도 단독으로 게임을 만들어 매달 수천만 원을 버는 인디게임 개발자가 많아진 배경이다.

이러한 특성 덕에 게임 산업에서는 부자가 지속적으로 배출되고 점점 더 많은 사람들이 게임을 만들기 위해 유입된다. 이러한 흐름을 읽고 돈을 버는 기업들도 등장했다. 캘리포니아에서 금광이 발견되자 금을 캐기 위해 몰려든 광부들보다 채굴 도구와 청바지를 판매하는 사람들이 돈을 번 것처럼, 게임 제작에 필요한 인프라를 제공하는 기업들이 등장한 것이다.

대표적인 기업이 유니티 테크놀로지스Unity Technologies37와 에픽게임즈Epic Games로, 전 세계 게임엔진 시장을 양분하는 기업들이다. 게임엔진이란 쉽게 말해 게임 개발의 기반이 되는 그래픽, 물리, 오디오, UI 등의 툴을 모아놓은 소프트웨어를 의미한다. 매번 게임을 만들기 위해 자체적인 게임엔진을 만든다면 엔진 개발에만 엄청난 비용과 시간이 소요되기에 게임 회사들은 이미 개발된 게임엔진을 구매하여 사용한다. 즉 게임엔진은 일종의 게임 SaaS[38], 즉 GaaS[39]에 해당되는 셈이다.

유니티는 모바일 기반의 저사양 게임에 특화된 게임엔진인 반면, 에픽게임즈의 언리얼[40]은 콘솔 및 PC 기반의 고사양 게임에 특화된 게임엔진이다. 두 기업은 더 많은 게임 개발자들을 자사의 플랫폼으로 유입시키고자 구독을 포함한 다양한 버전의 요금제를 제공하고 있다. 특히 수많은 1인 개발자와 독립 개발팀이 낮은 비용으로 게임을 만들 수 있게 된 건 전적으로 유니티 덕분이라 해도 과언이 아니다.

텐센트가 40%의 지분을 보유하고 있는 에픽게임즈가 비상장 기업으로 머물러 있는 것과 달리, 유니티 테크놀로지스는 2020년 9월 뉴욕 증시에 상장돼 개인 투자자들에게도 기회가 열렸다. 나는 상장일에 맞춰 투자를 했다. 게임엔진 회사는 게임의 흥행과 관계없이 출시되는 게임이 늘어날수록 돈을 버는 구조이므로 리스크 높은 게임 산업에서 안정적으로 수익을 창출하는 비즈니스 모델인 데다, 시장에 출시되는 게임은 증가하고 있으며 게임 산업 역시 성장하고 있는 만큼 확장성까지 갖췄다고 볼 수 있다.

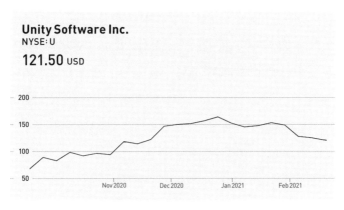

게이미피케이션 시대에 게임엔진 회사 유니티의 사업 확장성은 더욱 크다.

    물론 우려되는 부분이 없지는 않아서 투자를 결정하기까지 꽤 망설여야 했다. 유니티를 조금이나마 직접 사용해봤기에 그들의 기술력과 편의성 등의 경쟁력 자체는 인지하고 있었으나 경쟁사인 에픽게임즈가 신경 쓰였다. 에픽게임즈는 게임엔진인 언리얼뿐 아니라 북미 지역에서 가장 인기 있는 게임인 포트나이트의 개발사이기도 하다. 아시아에서 가장 인기 있는 게임인 배틀그라운드 역시 언리얼 기반이기에 크래프톤으로부터 받는 수수료도 엄청나다. 조 단위의 매출과 이익을 올리는 에픽게임즈가 현금 동원력이 풍부한 반면, 유니티는 높은 R&D 비용 때문에 여전히 적자에 머물러 있다. 아이폰을 비롯한 최신 스마트폰들의 사양이 지속적으로 높아지면서 모바일 게임에서도 유니티가 아닌 언리얼을 사용한 고사양 게임이 증가하고 있다는 점, 포트나이트로 막대한 돈을 벌어들이는 덕에 여유가 생긴 에픽게임즈가 언리얼 사용료를 낮춤으로써 소규모 팀들도 언리얼을 사용하는 부담이 줄어들었다는 점도 투자의 변수로 작용했다.

그럼에도 내가 유니티에 투자를 결정한 이유는 유니티가 게임 외에 영화, 애니메이션, 교육콘텐츠 등 다른 영역으로 사업을 확장하고 있는 와중에, 게임 외 영역에서의 게이미피케이션 증가로 유니티 엔진에 대한 외부 업계의 수요가 장기적으로는 증가할 거라 판단했기 때문이다. 유니티가 로블록스를 벤치마킹해 선보인 신사업에 대한 기대감도 컸다. 레고 캐릭터로 게임을 만들 수 있는 게임 제작 플랫폼 유니티 레고 마이크로게임Unity Lego Microgame이 그것이다. 전 세계적인 증시 상승으로 일단 유니티의 주가 역시 상승하고 있지만, 아직 적자가 심한 기업인 만큼 성장 추세를 지켜볼 필요는 있다고 생각한다.

2021년 상장을 앞둔 로블록스는 〈패스트컴퍼니〉가 2020년 가장 혁신적인 기업 9위(게임 카테고리에서는 1위)로 선정한 게임 회사다. 로블록스는 샌드박스 오픈월드 롤플레잉 게임 플랫폼으로 로블록스 스튜디오를 이용하면 누구나 쉽게 게임을 만들 수 있고, 아이템 및 아바타를 꾸밀 수 있는 옷 등을 판매해 발생한 수익은 개발자와 로블록스가 나누는 구조다. 즉 누구나 게임으로 돈을 벌 수 있도록 게임 제작의 진입장벽을 낮췄다는 점에 로블록스의 혁신성이 있다.

로블록스 플랫폼 내에는 4000만 개가 넘는 게임이 있는데 이 중 100만 회 이상 플레이된 게임만 5000개가 넘는다고 한다. 로블록스가 미국 증권거래위원회에 제출한 S-1 보고서에 따르면 2020년 약 7000억 원의 매출 가운데 2000억 원 이상이 개발자들에게 보상으로 지급되었다.

유튜브 및 트위치 스트리밍은 로블록스의 인기를 견인하는 또 다른 주요 요인인데, 늘 소재 고갈에 시달리는 스트리머 입장에서는 수많은 게임으로 가득한 로블록스가 영상의 소재 및 아이디어를 찾을 수 있는 보고라 할 수 있다. 즉 게임 스트리머들의 로블록스 게임 플레이를 활용한 영상 제작이 로블록스의 인기 상승이라는 선순환 구조를 만든 것이다. 한 국계 VC인 알토스벤처스가 초기 투자한 기업으로도 유명한 로블록스는 유니티에 대한 투자 기회를 놓친 투자자에게 좋은 대안이 될 수 있어 보인다.

네이버웹툰과 카카오페이지의 투자전쟁

앞에서 게임은 흥행 사업이라고 한 바 있다. 흥행 사업은 한번 대박이 나면 큰돈을 벌 수 있지만, 그 확률이 매우 낮고 반복되기 어렵다는 약점도 있다. 이런 게임 사업의 약점을 보완하기 위해 게임 회사들이 IP[41] 회사로 진화하고 있다. 게임 회사는 아니어도 〈스타워즈〉, 〈아이언맨〉, 〈토르〉, 〈어벤져스〉, 〈미키 마우스〉, 〈토이스토리〉를 비롯해 수많은 IP를 보유한 디즈니의 전략을 벤치마킹하는 셈이다.

좋은 IP를 확보했을 때의 장점은 IP의 인지도와 팬덤 덕에 초기 유저를 모으는 작업이 수월해 흥행 리스크가 크게 감소하고 마케팅 비용을 절감할 수 있다는 점이다. 그뿐인가, 인기 IP의 경우 다양한 형태의 콘텐츠로 재생산해 수익을 극대화할 수 있다.

　게임업계에서 IP를 잘 활용하는 대표적인 기업으로는 리니지로 대변되는 엔씨소프트가 있다. 엔씨소프트는 순정만화인 〈리니지〉 IP를 확보하여 PC 기반의 온라인 게임 리니지1, 리니지2, 모바일 게임인 리니지M, 리니지2M를 비롯한 일련의 리니지 게임 시리즈를 만들었고 이를 기반으로 연매출 2조 원이 넘는 대형 게임사로 성장했다.

　넥슨 역시 과거 PC 기반 온라인 게임들의 장수 IP를 재활용해서 출시한 모바일 게임으로 재미를 보고 있다. 바람의 나라: 연, 카트라이더 러쉬플러스, 던전앤파이터 모바일(출시 예정) 등이 대표적이다.

　게임 회사들의 IP 활용은 게임의 영역에만 머무르지 않는다. 스마일게이트는 크로스파이어 IP로 중국 웹드라마 〈천월화선〉을 제작했고, 텐센트 비디오에서 2위에 오르며 누적 조회수 18억 뷰를 넘길 만큼 폭발적인 인기를 얻었다. 크래프톤 역시 자사가 보유한 인기 게임 배틀그라운드의 IP를 사용한 웹툰, 웹소설, 드라마 등을 계획 중인 것으로 알려져 있다.

반대로 다른 장르의 콘텐츠가 게임으로 제작되는 경우도 늘어났다. BTS의 소속사 빅히트 엔터테인먼트는 BTS의 IP 및 음악을 활용해 BTS 월드와 BTS 유니버스 스토리 등 두 개의 게임을 넷마블과 협업해 출시했다. 네이버웹툰은 게임 회사들과 협업하며 자사가 보유한 웹툰 IP 기반의 게임을 지속적으로 출시하고 있다. 갓 오브 하이스쿨, 유미의 세포들, 외모지상주의 등이 대표적인 예다. 또한 모바일 콘텐츠 스타트업 봉봉과 시나몬 게임즈라는 합작사를 설립하여 네이버 웹툰 및 웹소설을 기반으로 하는 스토리형 게임 플랫폼 메이비를 론칭하기도 했다. 네이버의 인기 웹툰을 게임으로 기획하는 대규모 공모전도 개최했다.

웹툰이나 웹소설이 게임으로 제작되어 성공하면 그 수익이 엄청난 만큼 웹툰, 웹소설 IP를 보유한 기업들의 가치도 높아지기 시작했다. 네이버웹툰은 북미 최대 웹소설 플랫폼인 왓패드를 6000억 원에 인수했으며, 카카오페이지는 전 세계에서 가장 인기 있는 웹툰으로 평가받는 〈나 혼자만 레벨업〉의 IP를 보유한 디앤씨미디어의 지분 23%를 보유한 2대 주주다. 디앤씨미디어의 기업가치는 무려 5000억 원이 넘는다. 최근 카카오페이지는 미국의 웹소설 플랫폼 래디쉬에 투자를 단행하기도 했다. 엔씨소프트 역시 〈전지적 독자 시점〉 IP를 보유한 국내 3위 웹소설 플랫폼 문피아에 투자하며 IP 확보 경쟁에 뛰어들었다.

이처럼 IP의 가치를 확인하면서 게임 회사들은 한 단계 진화했다. IP라는 무형자산을 확보함으로써 특허 회사와 유사한 안정적 비즈니스 모델을 구축하게 된 것이다. 분기별 매출 및 이익의 변동성 최소화야말로 상장회사들의 필수 덕목이다. IP 기업으로 도약하면서 게임 회사들은 더욱 주주 친화적이 되었고 기업 가치를 높일 수 있는 발판을 마련한 셈이다.

취향 때문에 놓친 기회

취향은 투자에 도움이 되지만 때로는 방해가 되기도 한다. 2020년 11월, 키다리 스튜디오가 레진엔터테인먼트를 인수한다는 뉴스가 언론에 발표되었다. 레진엔터테인먼트는 성인 웹툰을 주력으로 하는 웹툰 플랫폼 레진코믹스를 운영하고 있다. 그리고 키다리 스튜디오는 프랑스 웹툰 플랫폼 델리툰, 여성향 웹툰 플랫폼 봄툰과 자체 웹툰 제작 스튜디오를 보유한 콘텐츠 회사로, 키움증권을 보유한 다우 기술의 다른 자

키다리스튜디오
KRX: 020120

12,850 KRW

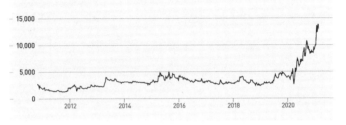

키다리 스튜디오는 레진엔터테인먼트 인수 후 오히려 주가가 떨어졌으나, 잠시 숨고르기 후
지속적인 상승세를 보이고 있다.

회사다.

발표 다음날 우연히 레진코믹스와 협업하는 영화감독 지인
과 저녁식사를 하게 되었는데, 왜 합병 발표 후에 오히려 주가
가 하락했는지 질문을 받았다. 내 생각은 이랬다. 이미 코로나
및 웹툰 관련주로 개인 투자자들의 주목을 받아 주가가 많이
상승한 상태였고, 두 플랫폼 간의 시너지가 크지 않다고 시장
은 판단했을 것이며, 레진코믹스 자체에 성장의 한계가 있다고.

하지만 내 판단은 틀렸다. 숨고르기 이후 키다리 스튜디오
의 주가는 지속적으로 상승하고 있다. 평소 여성향(봄툰), 성

인(레진코믹스) 웹툰에 대한 관심이 적었던 탓에, 즉 취향으로 인한 평가절하 때문에 판단 미스를 한 것이다. 콘텐츠 및 해당 플랫폼을 면밀히 들여다볼 생각조차 하지 않았으니 말이다. 이는 웹툰 〈나 혼자만 레벨업〉이 너무 재밌어서 하루 만에 발행분을 모두 읽은 뒤 아침에 바로 디앤씨미디어 주식을 산 행동과는 대조적이었다. 매수 시점에 이미 디앤씨미디어는 많이 올랐는데도 거리낌 없이 할 수 있던 투자였다. 때로는 취향 덕에 수익을 내기도, 취향 덕에 기회를 놓치기도 한다.

게임 회사 사람들은 어디에 투자할까?

게임 회사들은 이제 명실상부한 투자 회사이기도 하다. 사실 게임과 투자는 높은 리스크를 감수해야 하는, 어느 정도는 도박의 DNA를 공유하고 있기에 게임 회사 창업자들의 투자적 성향이 강한 건 어쩌면 자연스러운 현상일 것이다.

대표적으로는 넥슨이다. 넥슨은 사업 초기부터 자체 게임의 성과보다 외부 스튜디오를 인수해서 회사 규모를 키워왔다. 넥슨의 탁월한 IP 관리 역량이 돋보이는 부분이다. 메이플스토리를 개발한 위젯(2004년), 던전 앤 파이터를 개발한 네오플(2009년)이 대표적인데, 두 게임은 인수된 지 10년이 넘었지만 여전히 넥슨의 대표적 캐시카우가 되고 있다. 넥슨의 게임 스튜디오 인수는 국내에만 머무르지 않는다. 엠바크 스튜디오(스웨덴), 픽셀베리 스튜디오(미국), 글룹스(일본)42 등이 넥슨이 인수한 대표적인 해외 스튜디오다.

심지어 게임 산업에만 머무르지도 않는다. 넥슨의 지주회사 NXC는 노르웨이 유모차 브랜드 스토케(유아), 캐나다 명품 패딩 브랜드 무스너클(패션), 위메프(커머스), 콰라소프트(핀테크), 스마트스터디(콘텐츠), 테슬라의 창업자 일론 머스크가 창업한 스페이스엑스(우주), 거기에 코빗, 비트스탬프, 타고미를 포함한 다수의 가상화폐 거래 인프라 스타트업까지 분야를 가리지 않고 투자하고 있다.

넥슨의 창업자 김정주 의장은 대체육 스타트업 비욘드미트와 임파서블푸드, 차량공유 스타트업 리프트 등에 개인 투자를 한 것으로도 유명하다. 서울대학교 투자동아리 출신들이 설립한 국내 대표적 가치투자자문사 VIP 투자자문의 창업을 지원한 LP43이기도 하다.

투자의 귀재로 알려진 방준혁 의장의 넷마블 역시 활발하게 투자를 하고 있다. 대표적으로는 코웨이(25.51%), 빅히트 엔터테인먼트(25.04%), 엔씨소프트(8.88%), 카카오게임즈(5.64%), 카카오뱅크 (3.94%) 등이 있다. 3N의 다른 두 기업인 넥슨과 넷마블만큼은 아니지만 엔씨소프트 역시 문피아, 레진코믹스, 재담미디어, RS미 디어, 메리크리스마스 등 주로 콘텐츠 기업들에 IP 확보 차원에서 지분 투자를 하고 있다.

크래프톤은 게임연합을 꾸리겠다는 기치 하에 지노게임즈, 엔 매스, 레드사하라스튜디오, 이노스파크, 너드게임즈, 딜루젼스튜 디오, 지엠티소프트 등 외부 스튜디오를 인수했는데, 이 중 지노 게임즈는 크래프톤의 일등공신 배틀그라운드를 개발한 펍지의 전신이다. 크래프톤의 창업자 장병규 의장은 크래프톤 외에도 국 내 대표 VC인 본엔젤스의 창업자이기도 한데, 본엔젤스는 배달 의민족을 서비스하는 우아한형제들에 3억을 투자해 3000억 원 의 수익을 거둔 것으로 유명하다. 물론 우아한형제들 외에도 크래 프톤, 오늘의집을 서비스하는 버킷플레이스, 스푼라디오, 마이리 얼트립, 뷰노 등 본엔젤스의 투자 성공 사례는 무수히 많다.

카카오의 자회사 카카오게임즈 역시 2020년 한 해에만 넵튠, 웨이투빗, 엑스엘게임즈 등 여러 게임 제작사에 4000억 원에 이 르는 투자를 집행한 것으로 알려져 있다. 특히 카카오게임즈는 크 래프톤의 지분 2.07%를 보유하고 있는데 무려 150배가 넘는 수

넷마블
KRX: 251270

130,000 KRW

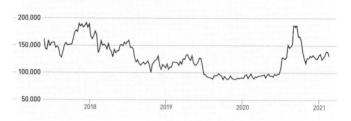

2020년 10월 빅히트 엔터테인먼트의 상장 소식에 투자사인 넷마블의 주가도 2배가량 상승했다.

익률을 기록했으며[44] 크래프톤 상장 시 그 수익률은 더욱 높아질 것으로 예상되고 있다.

앞에서 따로 언급하지는 않았으나 대형 게임사들은 현금이 풍부한 만큼 국내외 주요 펀드의 LP이기도 하다. 게임 회사가 투자를 늘리는 이유는 출시한 게임이 흥행에 성공할 경우 단기간에 들어오는 막대한 현금의 관리 차원이기도 하고, 게임 개발의 리스크를 헷징하는 목적도 있다.

이처럼 게임 회사들의 높아진 투자 역량은 개인 투자자 입장에서도 긍정적인 변화라 볼 수 있다. 이제 게임 회사에 투자할 때는 해당 기업의 게임 포트폴리오뿐 아니라 투자 포트폴리오 역시 확인할 필요가 있다. 가령 2020년 10월 빅히트의 상장을 앞두고 기대감으로 인하여 넷마블의 주가는 2배가량 상승했다. 넷마블이 빅히트의 2대 주주였기 때문이다. 반대로 이후 넷마블의 주가가 하락한 이유 또한 상장 후 빅히트의 주가가 하락했기 때문이다.

게임 덕후라면 반드시 사야 할 주식

흔히들 얼리어답터는 남들이 보지 못하는 기회를 먼저 접한다고 한다. 가장 먼저 아이폰을 구매해서 써본 사람들, 테슬라를 먼저 타본 사람들 중에 혁신적 기술의 대단함을 먼저 인지하고 이를 통해 사업 혹은 투자의 기회를 잡는 이들이 많았던 것처럼, 게임을 하는 것도 투자에 도움이 된다.

게임을 하다 보면 원하든 원치 않든 신기술을 먼저 접할 기회가 종종 생긴다. 돈이 되기에는 아직 범용화되지 않은 신기술이 게임에 먼저 접목되는 경우가 많다. 새로운 기술로 게임을 만든다고 하면 시장의 관심 및 투자를 이끌어내기 수월하기 때문이다.

가령 아이폰이 출시되고 가장 먼저 활성화된 앱 카테고리는 앵그리버드를 위시한 모바일 게임이었다. 페이스북, 카카오톡 같은 소셜미디어의 성장 초기에도 게임의 인기는 큰 기여를 했다. AR 역시 예외는 아니다. AR 기술의 매력을 대중에게 알린 건 닌텐도와 구글의 자회사 나이안틱Niantic의 협업으로 탄생한 포켓몬고였으니까.

많은 게이머들이 이런 시장의 기회를 놓치지 않았다. 앵그리버드를 플레이하고 애플 주식에 투자한 사람들, 페이스북에서 팜빌FarmVille 같은 소셜게임을 플레이한 뒤 징가Zynga의 주식에 투자한 사람들, 포켓몬고 출시 직후 닌텐도 주식에 투자한 사람들 중 상당수는 게이머들이었다. 게임의 세상은 단순히 게임에 머무르지 않는다. 그 이상이다.

GPU의 가격 상승을 가장 먼저 인지한 것 역시 게이머들이다. 일반적으로 새로운 대작 게임이 출시되면 GPU 수요가 높아진다. 대작 게임들은 대부분 고사양이기 때문에 그래픽카드 및 PC의 업그레이드 수요가 발생하는 것을 게이머들은 잘 알고 있다. 가령 신작 MMORPG 게임이 출시될 때마다 PC방들이 PC를 교체했던 것처럼.

그랬던 GPU 가격이 2016년경 대작 게임의 출시와 관계없이 급격하게 상승했던 시기가 있었다. 비트코인 가격이 상승해 채굴이 늘면서 채굴에 필요한 GPU의 가격이 오른 것이다. AI의 발전 역

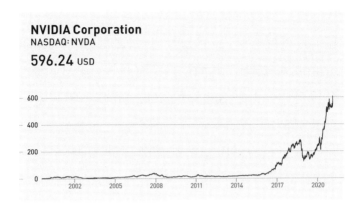

NVIDIA Corporation
NASDAQ: NVDA

596.24 USD

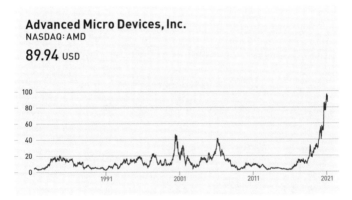

Advanced Micro Devices, Inc.
NASDAQ: AMD

89.94 USD

고사양 게임을 하며 GPU를 업그레이드해온 게이머들은 GPU가 품귀현상을 보이자 GPU 생산업체인 엔비디아와 AMD 투자 기회를 남들보다 일찍 포착할 수 있었다.

시 GPU를 근간으로 한다. AI의 핵심은 알고리즘, AI 엔지니어 인력, 컴퓨팅 능력에 있는데 이 컴퓨팅 능력의 기반이 되는 것이 바로 GPU이기 때문이다. 즉 비트코인의 가격 상승과 AI의 발전이 맞물려 GPU 수요는 급격하게 늘었고, 관심 있는 게임을 플레이하기 위해 GPU를 교체해야 했던 게이머들은 돈을 더 주고도 GPU 자체를 구할 수 없는 상황에 직면했다. GPU를 생산하는 엔비디아와 AMD 주식에 투자하고, 비트코인을 비롯한 가상화폐에 투자한 사람들 중에 게이머들이 많았던 이유다.

특히 오랜 기간 힘든 시기를 겪었던 AMD의 경우 마이크로소프트 엑스박스나 소니 플레이스테이션 등 신형 콘솔에 AMD의 APU[45]가 탑재된 것이 부활의 신호탄으로 작용했다. 당연히 게이머들이 이 투자 기회를 먼저 포착할 수밖에! 나 역시 당시 게임 덕후였던 지인의 귀띔 덕분에 AMD 투자 기회를 잡을 수 있었다.

현재 게임 회사들이 큰 관심을 보이는 신기술은 AI와 VR이 아닐까 싶다. 넥슨, 넷마블, 엔씨소프트 모두 AI 연구소를 설립하여 AI를 게임개발에 활용하는 방안을 적극적으로 연구 중이다. AI 관련해서는 3N 중 엔씨소프트가 특히 앞선 것으로 평가받고 있다.

VR의 경우 게임과 워낙 핏이 잘 맞기에 이미 상당수의 VR 게임이 출시된 바 있다. 문제는 VR 기술이 게임 플레이에 완벽하게 녹아들 정도로 완성도 높은 게임, 가령 AR의 포켓몬고 같은 게임이 그동안 나오지 않았다는 점이다.

그랬던 VR 게임 분야에 변화를 가져온 건 2020년 밸브가 출시한 '하프라이프: 알릭스'이다. 역대 VR 게임 중 최고이자 최소 수십만 원을 호가하는 VR 헤드셋을 구매하기에 충분한 가치가 있는 게임으로 평가받고 있다. 분명 하프라이프를 기점으로 VR 게임 영역은 크게 성장할 것으로 보인다. 다만 이 게임의 제작사 밸브는 비상장 기업이다. 스팀이라는 세계 최대 PC게임 유통 플랫폼도 보유하고 있기에 현금 흐름도 좋아 상장 가능성도 낮다.

VR 게임과 관련해 투자할 만한 회사는 VR 헤드셋 오큘러스를 인수한 페이스북, 밸브와 합작으로 게임용 VR 기기 바이브를 출시한 HTC 정도가 아닐까 싶다. 특히 HTC는 몇 년 전 스마트폰 개발 중단을 선언하고 VR 기기 개발에 집중하고 있다. 대만 증시에 상장된 HTC의 주가는 수년째 하락하고 있는데 VR 게임으로 반등할 수 있을지 지켜보는 것도 투자자 입장에서 놓칠 수 없는 관전 포인트다.

"We compete with (and lose to) Fortnite more than HBO(우리는 HBO보다 포트나이트와 경쟁 중이며 심지어 그 경쟁에서 지고 있다)."

넷플릭스가 주주들에게 보낸 메일에 적힌 내용이다. 당시 전 세계 1억 300만 명의 유저를 확보한 넷플릭스보다 2억 명이라는 포트나이트의 액티브 유저 수가 더 많았기 때문이다. 무엇보다 유저들이 게임에 접속하는 시간은 영화나 드라마 시청 시간보다 월등히 길다. 이러한 현상을 가속화한 이유로는 무엇보다 게임의 소셜 미디어화를 들 수 있다.

게임은 더 이상 게임에 머물지 않는다. 게임 자체가 일종의 소셜 플랫폼이 되었다. 사람들은 게임을 플레이하기 위해서가 아니라 사람들과 소통하기 위해 게임에 접속한다. 아니, 어쩌면 사람들과의 소통 자체가 게임을 즐기는 새로운 방식이라 할 수 있겠다.

리니지와 같은 온라인 MMORPG가 대표적인 케이스다. 아직도 많은 사람들은 1998년에 출시된 리니지1을 플레이한다. 그보다 조금 나이 어린 세대는 여전히 매일 밤 메이플스토리에 접속한다. 포트나이트 내에서는 인기 뮤지션들의 라이브 공연 및 최신 영화의 시사회가 종종 열렸으며, 펄어비스가 서비스하는 검은

사막 내에서는 유저들 간의 가상 결혼식이 진행되기도 했다. 코로
나 시기 수많은 사람들이 동물의 숲과 폴가이즈Fall Guys 같은 게
임에 열광했던 것도, 술자리가 사라지면서 마피아 게임을 할 수
없게 된 애주가들이 집에서 음주를 즐기며 줌으로 마피아 게임을
하다가 일종의 마피아 게임인 어몽어스Among Us 로 넘어간 것도
게임이 소셜 플랫폼이 되었음을 보여주는 사례다.

　리니지의 경우에서 알 수 있듯 게임의 소셜 플랫폼화는 게임의
수명을 연장시킨다. 게임 내 콘텐츠를 모두 소비하더라도 게임에
접속할 이유가 생기기 때문이다. 즉 유저들의 로열티가 높아지는
것이다.

　유저들의 체류 시간이 늘어나면 자연스레 매출 또한 늘어난다.
쉽게 말해 게임의 소셜 플랫폼화로 인해 게임이라는 콘텐츠의 경
제적 가치는 높아질 수밖에 없다. 이러한 현상을 가속화한 것이
다름 아닌 유튜브와 트위치를 비롯한 스트리밍 서비스와 e스포
츠의 등장이다. 리그 오브 레전드를 비롯해 포트나이트, 배틀그
라운드 등의 제작사들이 자사 게임의 e스포츠 리그를 육성하고
자 하는 이유 또한 여기에 있다.

　이처럼 게임의 가치 및 게임 회사의 가치는 크게 높아졌다. 덕

분에 게임 산업 자체도 크게 성장했으며 지역화에 머물러 있던 게임 산업은 글로벌 범주에서 수직적, 수평적 통합이 이뤄졌다. 현재 전 세계 게임사들은 지분 관계가 복잡하게 얽혀 있으며, 아일랜드에 위치한 키워드 스튜디오Keywords Studio처럼 전 세계 게임 스튜디오들을 고객으로 게임을 모듈 단위로 위탁 개발해주는 일종의 게임 OEM 회사도 등장했다. 산업이 커진 만큼 기회도 커졌기에 투자자라면 게임 산업을 공부해야 한다.

물론 앞에서도 언급했듯이 게임의 세계를 공부하는 진입 장벽은 상당히 높기에 망설여질 수 있다는 점 역시 이해한다. 그럴 경우 가장 손쉽게 게임 산업에 투자하는 방법은 전 세계 게임 및 e스포츠 관련주로 구성된 ETF에 해당되는 나스닥 상장 HERO를 매수하는 것이다.

다른 방법도 있다. 홍콩 증시에 상장된 텐센트 주식을 사는 것이다. 개인적으로는 이쪽을 더욱 추천하고 싶다. 중국 최대 회사 중 하나인 텐센트는 다양한 사업 영역을 커버하고 있지만 특히 게임에서는 세계 최대 규모라 볼 수 있다. 지분을 보유하고 있는 회사만 하더라도 리그 오브 레전드로 유명한 라이엇 게임즈Riot Games, 클래쉬 오브 클랜 등 최고의 모바일 게임 회사로 이름 높

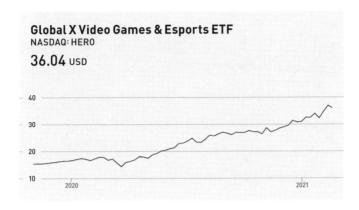

Global X Video Games & Esports ETF
NASDAQ: HERO

36.04 USD

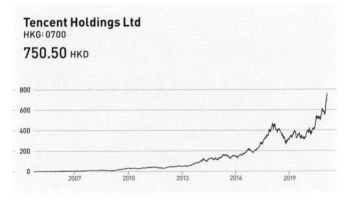

Tencent Holdings Ltd
HKG: 0700

750.50 HKD

게임 주식에 직접 투자하기가 여의치 않다면 게임 관련 ETF(HERO)나 다수의 게임 회사
지분을 보유한 텐센트에 투자하는 것도 방법이다.

은 핀란드의 슈퍼셀Supercell, 포트나이트와 게임엔진 언리얼의 에픽게임즈, 한국의 넷마블, 카카오게임즈, 크래프톤, 스타크래프트 및 월드 오브 워크래프트로 한국에서도 유명한 액티비전 블리자드 등을 비롯하여 셀 수 없이 많다. 즉 텐센트에 투자하는 것은 ETF 못지않게 전 세계 게임 회사에 분산 투자하는 셈이며, ETF가 투자할 수 없는 비상장 게임사에 투자하는 효과도 있다. 게다가 텐센트의 자회사들은 중국 진출 시 텐센트의 전폭적인 지지를 받을 수 있다는 점에서 텐센트가 투자하지 않은 회사들보다 경쟁력이 높을 것이기에, 텐센트 투자가 ETF 투자보다 낫다고 생각한다.

특히 게임을 좋아하는 Z세대라면 게임 관련 회사의 투자에 관심을 갖기를 바란다. 좋아하는 만큼 투자 수익을 내기에 유리하며, 누구나 좋아하기 어려운 게 바로 게임이다. 특히 이 점 때문에 훨씬 투자 경험이 많고 투자 자본이 풍부한 기성 세대와 비교해도 경쟁우위가 있다. 물론 꾸준한 공부는 필수다. 다행히 예전보다는 게임을 공부하기가 쉬워졌다. 유튜브 덕분이다. 일일이 게임을 다 사서 플레이하는 대신 유튜브 시청을 병행함으로써 공부에 들어가는 경제적, 시간적 비용을 줄일 수 있다. 게임 및 게임 산업을 분석해주는 채널들도 많다. 그중에서도 특히 게임 매체 기자 출신의 유튜버인 중년 게이머 김실장 채널을 추천한다. 단시간에 구독자 20만 명을 확보한 인기 채널이다.

　나 역시 매일 게임을 공부한다. 하루에 10개 정도의 게임을 리뷰하고 짧게나마 엑셀에 정리를 해둔다. 무엇보다 게임의 재미 요소를 파악하고자 노력한다. '재미'는 게임뿐 아니라 모든 비즈니스의 덕목이다. 이와 관련해서는 《라프 코스터의 재미이론》이라는 책을 추천한다. 게임이라는 콘텐츠를 '재미'라는 요소 관점에서 분석한 이론서인데, 게임을 체계적으로 평가하는 안목을 갖추는 데 도움이 된다고 생각한다.

　《피, 땀, 픽셀 : 트리플A 게임은 어떻게 만들어지는가》 역시 재미있게 읽은 책인데, 트리플A 게임, 즉 이른바 대작 게임들의 제작 과정을 인기 게임 블로거인 저자가 생생하고 집요하게 정리한 책이다. 흥미진진한 스토리텔링은 물론 게임 비즈니스를 이해하는 데에도 도움이 된다. 게임의 역사를 다룬 넷플릭스 오리지널 6부작 다큐멘터리 〈하이 스코어High Score〉는 게임과 관련된 다큐멘터리 중에는 역대급이 아닐까 싶을 정도로 높은 퀄리티를 자랑한다. 게임은, 아니 투자는 확률의 세계이기도 하지만 공부의 세계이기도 하다.

인터뷰에 앞서

이 책을 쓰면서 처음 붙인 부제는 '취미를 공부합니다'였다. 코로나를 계기로 그동안 즐기지 않던 취미에 발을 들이면서 또 다른 지식과 경험을 얻었고, 책에서도 2021년 마케터의 공부법으로 취미를 추천했지만, 사실 훨씬 전부터 취미야말로 개인을 전문가로 만들어주는 가장 탁월한 수단이라 여겨왔다. 무언가를 좋아하고 즐기는 힘은 세다. 요리를 좋아하는 사람, 사진을 좋아하는 사람, 여행을 좋아하는 사람, 달리기를 좋아하는 사람은 다른 이들에게 그 분야의 전문가로 인식된다. 특정 분야에서 먼저 떠오르는 사람, 개인의 경쟁력이 하나 더 추가되는 셈이다.

또한 취미는 세상을 바라보는 프레임이 되어준다. 한 가지 관점으로만 세상을 바라보고 다른 사람을 이해하려 들면 뒤처지기 쉽다. 굳이 앞서나가지 않아도 괜찮지 않느냐고? 무언가를 해석하는 필터를 하나 더 갖는 일은 그만큼 일상을 풍성하게 만든다. 그 과정에서 자신의 업무 능력과 성장 기회까지 얻게 된다면 더욱더 좋을 것이고.

내 경우에는 '투자'가 취미는 아니어도 세상을 보는 또 다른 관점이 되어주었다. 자전거를 타도, 요가를 해도, 투자적 마인드로 바라보면 새로운 포인트를 발견할 수 있다. 물론 이 모든 게 마케터라는 직업적 특성에서 비롯된 것이겠지만.

이러한 맥락에서 자기만의 '취미'를 간접경험의 콘텐츠로 나누어주실 두 인터뷰이를 만났다.

프랑스에서 주재원으로 근무하는 지인 A는 미국, 일본에서 살았던 경험이 있다. 여행과 투자 등 워낙 취미가 많지만 그중 '중고거래'에 대한 이야기를 독자들과 나누어보고 싶었다. 중고거래에는 경험과 소비패턴, 투자적 요소들이 포함되어 있으니 더 흥미롭게 짚어볼 만한 포인트가 될 것이다.

콘텐츠 플랫폼 퍼블리의 박소령 대표는 콘텐츠가 좋아서 창업까지 한, 말 그대로 좋아하는 일을 업으로 삼은 사람이다. 개인 투자를 하고 있지는 않다고 했지만, 어쩌면 취미를 업으로 살린 것 자체가 가장 가치 있는 투자가 아닐까 생각한다. 두 사람의 이야기가 독자분들에게 '세상을 보는 또 다른 방법'으로 가닿기를 바란다.

잘 만든 물건을 발견하고
경험하는 기쁨, 중고거래

가까이서 지켜본 A씨는 물건을 많이 사는 편이라 '수집'을 좋아하는 사람인 줄 알았다. 그런데 가만히 보니 사는 것만큼이나 파는 데도 관심이 많았다. 그중 인상적이었던 건 사고파는 과정에서 중고거래 플랫폼을 애용한다는 사실. 중고거래야말로 사회 구성원들과의 교류이자, 그 사회의 특성을 반영하는 소비 활동일 것이다. 파리와 서울을 오가며 살고, 일본에서도 몇 년 거주한 적이 있는 그에게 중고거래와 관련된 경험을 들려달라고 청한 이유이기도 하다.

김 __ 인터뷰에 응해주셔서 감사합니다. '중고거래'라는 주제로 인터뷰를 한 건 처음이시죠?

A _ 네, 아무래도 공식적으로 이런 이야기를 할 기회는 거의 없으니까요. 저에게 중고거래는 일종의 엔터테인먼트랄까, 놀이 같은 건데 말이죠.

김 _ 엔터테인먼트라 하시니 취미의 영역으로도 느껴집니다. 수집을 좋아하는 건가요?

A _ 답하기 어렵기도, 애매하기도 한 질문인데요. 무언가를 사고파는 걸 좋아하지만 수집가, 즉 컬렉터와는 다릅니다. 가령 수집을 좋아하는 사람들은, 뉴발란스를 예로 들면 99×시리즈를 다 사서 모으는 사람들이거든요. 990뿐 아니라 991, 992, 1500 시리즈별로 다 모으고, 한정판도 사 모으죠. 물론 개인마다 다르겠지만, 컬렉터라 자부하는 분들은 주로 '수집'이라는 행위 자체에도 즐거움을 느끼고, 컬렉션을 완성할 때 만족감을 느껴요.

그런 의미에서 저는 수집가는 아니고, 굳이 표현하자면 물건을 살 때 가격이나 브랜드만 따져서 구매하는 게 아니라 좀 더 깊이 들어가서 디자인의 유래나 관계, 빈티지 등을 공부하면서 구매하는, 관여도 높은 소비자라는 표현이 더 적절할 거 같습니다.

물건을 즐기는 데는 여러 가지 방식이 있다고 보는데요. 가령 와인을 '싸고 맛있다'는 기준으로 사는 사람도 있고, 어느 지방의 어떤 포도를 어떤 비율로 블렌딩해서 만들었는지 공부하면서 즐기는 이들도 있을 겁니다. 옳고 그름이 아닌 각자만의 방식이죠. 저는 와인은 많이 마시지 않지만 소비할 때는 후자에 해당해요. 단순하게 물건을 사기보다는 그 브랜드의 콘텍스트context, 맥락을 파악하는 게 재미있어요. 이를 저라는 사람이 지닌 맥락과 맞춰보기도 하고, 그 과정에서 제가 아는 맥락을 확장해보고자 합니다. 물론 저 같은 성향의 사람들이 컬렉팅을 많이 하겠지만, 아까 말한 것처럼 진정한 컬렉터들은 수집하는 행위 자체에서 만족을 느끼거든요. 그런데 저는 가격도 중요합니다.

김 __ 가격을 따진다면 주로 어떤 것들을 사나요?

A __ 그때그때 다른데 한때 의자가 너무 좋아서 의자를 몇 개 샀어요. 수집까지는 아니고 네 종류 정도요. 가구에 관심 있는 사람들은 대개 비트라나 더콘란샵 같은 전문 매장에서 의자를 살 겁니다. 저는 빈티지 마켓도 가보고 인터넷도 찾아보고 검색도 많이 해보는 과정을 늘 거쳐요.

한국, 일본, 프랑스 가격을 비교해보고 미국이나 일본에서 직구를 하거나, 제가 유럽에 사니까 유럽에서 싸게 살 수 있는 제품은 구해보려 하죠. 아무래도 패션이나 디자인 쪽의 제품은 유럽에서 좋은 기회를 발견할 때가 많아요. 물론 정가는 유럽도 비싸지만 중고나 세일 등 저렴하게 구매할 수 있는 루트가 존재하죠. 가구 같은 경우는 유럽 기반의 브랜드가 많아서 정가 자체가 싸고, 반대편에 있는 일본은 비싸요. 반면 시계 같은 경우는 병행수입이 발달한 일본이 싸고, 대량생산하는 공산품은 미국이 쌀 때가 많아요.

즉 A라는 좋은 물건을 갖고 싶으면 가격을 포함한 여러 스터디를 하려고 해요. 재미있으니까요. 가격을 따지는 소비라는 질문으로 다시 돌아가자면, 저는 특정 카테고리의 제품을 수집한다기보다 제대로 만든 물건을 최대한 합리적인 가격으로 모으는 과정에서 행복을 느끼는 것 같습니다.

가령 제가 가장 즐겨 신는 뉴발란스의 경우에도 처음에는 잘 모르고 아마존에서 저가 모델을 구매했다가 굉장히 실망했어요. 즉 첫 경험이 안 좋았는데 나중에 공부하면서 뉴발란스의 매력은 미국이나 영국에서 제조한 프리미엄 라인을 신어야 진가가 드러난다는 걸 알게 됐죠. 뉴발란스993이 처음으로 산 프리미엄 라인인데, 제가 지금껏 신어본 신발 중에 압도적으로 편하거든요. 그러면 잘 만든 신발이란 어떤 건지를 체득하게 되는 겁니다.

가방으로 치면 쿠션감이나 메시, 각도, 사소하지만 벨트에 들어가는 링의 위치 등의 디테일을 보면 신경을 많이 쓴 가방들이 아무래도 높은 만족도를 주죠. 포터나 투미, 프라이탁 같은 좋은 브랜드들은 각기 다른 매력이 있고 사진으로 보는 것보다 써봐야 진정한 매력을 알게 되는 것 같아요. 그러고 보니 모으는 것보다는 역시 제대로 만든 것에 초점을 맞춘다고 볼 수 있겠네요. 제가 선호하는 물건들은 대체로 디자이너가 만들었거나 전통 있는 제조업자가 공들여 만든 게 많다 보니 일본과 유럽 제품들이 많습니다.

김 _ 그런 성향은 타고난 성격인가요, 후천적으로 생긴 건가요?

A _ 후천적인 것 아닐까요. 돈을 벌지 않는 학생일 때는 그런 걸 전혀 몰랐으니까요. 좋은 옷을 많이 입어봐야 옷을 잘 입는다고 하잖아요. 꼭 고가의 유명 브랜드만 해당하는 게 아니라 신경을 얼마나 쓰는지, 경험의 영역이에요. 옷 잘 입기로 유명한 이탈리아 남자들은 어머니들이 어릴 때부터 깐깐하게 옷들을 골라서 코디해주었기 때문이라는 이야기를 들은 것 같아요. 바지 하나 사더라도 허리 사이즈에 맞춰 적당히 고르는 게 아니라, 컬러를 맞추고, 내 체형과 핏이 얼마나 맞는지, 소재가 어떤지까지 살펴

잘 만든 물건을 발견하고 경험하는 기쁨, 중고거래

본 사람들이 옷을 잘 고르겠죠? 경험의 힘이죠.

맥북을 처음 썼을 때가 생각나는데요, 써보기 전에는 맥북이 비싸고 쓰기 어렵고 호환도 안 된다고 생각하는데, 한 번 써보는 순간 '디자인부터 성능까지 완벽하게 연결된 느낌'을 받잖아요. 저도 맥 OS를 처음 써보고 윈도우즈의 블루스크린과 함께했던 수많은 시간이 떠올라 살짝 후회하기도 했습니다. 커피도 마찬가지죠. '요즘 카페들이 다 잘해서 웬만하면 맛있는데 왜 저렇게까지 커피 맛의 차이를 따져야 하지?'라는 사람도 있을 거예요. 하지만 그만큼 커피를 많이 마셔본 사람들은 아주 미세한 맛의 차이를 알 거고, 저 같은 경우는 결국 직접 에스프레소를 내려 먹게 되었죠.

저는 후천적인 경험을 통해 취향이 생긴다고 생각하고, 그래서 쇼핑이나 여행이 재미있고 의미 있다고 생각해요. 물론 이왕이면 한정된 자원으로 더 좋은 경험을 하기 위해 코스트 퍼포먼스도 무시할 수 없다고 생각합니다.

김 _ 일본이나 프랑스에 살았던 것도 이러한 소비 스타일에 영향을 미친 건가요?

A _ 일본에는 수집 문화가 존재합니다. 일본사람들은 CD든 잡지든 뭐든 모으는 걸 좋아해요. 프랑스도 일본과는 결이 다르지

만 자기 취향에 맞는 물건들을 고르고 모으는 것을 좋아하죠. 하지만 이 두 나라의 문화에서 영향을 받았다기보다는, 두 나라 모두 좋은 물건을 만들어내는 곳이고 이를 알아보고 구입해주는 소비자가 존재하기 때문에 구할 수 있는 제품의 퀄리티가 다른 것 같아요. 수요가 많기에 공급도 끊이지 않고 세일도 많이 하죠. 좋은 제품에 대한 접근성이 높은 일본과 프랑스에 살아본 덕에 그만큼 많이 경험하고 많이 배웠습니다. 두 사회에 살아본 가장 큰 메리트라 할 수 있겠죠.

김 _ '경험'에 가치를 두는 포인트는 이해하겠지만 애써 사모은 물건을 되파는 심리가 궁금하기도 합니다.

A _ 미니멀리즘과 관련이 있어요. 사람의 욕망이라는 게 이중적이라고 해야 하나, 참 재미있습니다. 좋은 물건을 보면 갖고 싶고 써보고 싶은 한편, 제가 해외에 살고 이사할 일이 많아서 그런 것도 있겠지만, 내가 가장 좋아하는 것 몇 개만 남기고 싶은 마음도 들거든요. 양쪽을 계속 오가기 때문에 사고팔게 되는 것 같아요. 그 과정에서 진짜 중의 진짜만 남겠죠.

좋은 물건을 좋은 가격에 사는 '득템' 과정은 본능적으로 사람들의 아드레날린을 자극하는 행위예요. 사고팔고를 되풀이하는 과정에서 고유의 스토리도 생겨나고요. 하지만 세상은 계속 변하고 기술도 발전하고 매력적인 물건들은 계속 늘어나죠. 뉴발란스도 잘 신고 있지만 요즘 친환경 신발인 올버즈도 많이 신고 있는데요, 아직은 신생 브랜드이지만 재미있는 신발을 계속 만들어내면? 그럼 뉴발란스를 팔고 그 돈으로 올버즈의 여러 모델을 사서 경험하는 게 저의 구매 스타일입니다. 가장 중요한 건 순간순간의 경험인데 그 경험에는 당연히 테크놀로지라는 가치가 포함됩니다. 아이폰을 무척 좋아하지만 더 이상 쓰지 않는 구형 아이폰을 보관하지 않는 것도 같은 맥락이에요. 이렇게 말하고 보니, 역시 저는 수집가는 아니네요.

김 ___ 중고거래 자체가 투자가 될 수도 있다고 보나요?

A ___ 개인적으로 중고거래를 투자 관점에서 할 정도는 아니니 일반론적으로 답하자면, 품목에 따라 가능하다고 봅니다. 일단 대량생산되는 물건들은 가치가 낮기 때문에 나이키 같은 브랜드에서도 한정판을 만들기 시작한 거겠죠. 물론 이 또한 대량생산이지만 수량을 정해놓고 콜라보 등으로 특별한 가치를 추가한 것이니까요. 사진이나 판화도 사실 무한정 찍어낼 수 있는데 수량을 제한한 다음 넘버링을 해서 가치를 높이는 방식을 쓰잖아요. 미

술품이 투자의 최종점이라 불리는 이유도 세금 이슈와 별개로 결국은 '유일무이함'이 주는 대체 불가능성이거든요.

물론 우리가 흔히 사는 물건들은 대부분 양산품이라는 측면에서 한계가 있지만, 수요가 높아지고 소모가 덜 되는 제품들은 가격이 오르죠. 최근에는 롤렉스나 샤넬이 그런 위치를 지니고요. 시간이 많이 흐르면서 브랜드 가치가 급격하게 상승해 가격이 오르는 경우도 있어요. 가령 1977년 출시된 중고 애플Ⅱ의 호가는 수억 원에 이른다고 해요. 가장 좋은 점은 주식이랑 비슷한데, 내가 좋아하고 관심 있고 가치를 인정한 회사의 제품을 사면 아무래도 오를 확률이 높다고 봅니다. 주식과 달리 그 물건을 직접 쓰면서 말이죠.

김 __ 개인 소장품 중에 그런 제품이 있나요?

A __ 1970년대 허먼밀러에서 만든 임스락킹체어를 빈티지 가구 마켓에서 우연히 샀습니다. 물가인상을 감안해도 1970년대 판매 당시 가격보다 많이 올랐을 거고요, 제가 부수지만 않는다면 앞으로도 더 오르지 않을까요? 1960년대, 70년대에 만든 임스체어는 더 이상 만들 수 없기에 개수가 줄어들 일만 남았는데 임스란 디자이너의 중요성은 줄어들지 않을 것 같거든요. 카페나 사무실

잘 만든 물건을 발견하고 경험하는 기쁨, 중고거래

등에 카피 모델들이 많은데 역설적으로 가품이 많아질수록 진품의 가치는 더 올라가기도 합니다. 가품이 홍보대사 역할을 해주기 때문이죠. 게다가 지금 나오지 않는 소재라 같은 디자인이라도 신형과는 다른 감성이 느껴져요. 의자나 가구 수집이 매력적인 이유는 50년 된 물건도 현역이라는 점 때문이에요. 구형 아이폰은 쓰지 않지만 임스체어는 열심히 닦고 고쳐가며 계속 쓰겠죠?

조금 더 이야기해보면, 파리에는 200~300년 된 집에 아직도 사람이 사는 경우가 많아요. 엘리베이터도 없고 냉난방도 잘 안 되어서 살면서 불편한 점도 있지만, 오래된 집이 주는 매력이 있어서 파리지앵들은 대부분 이런 집에 살고 싶어 하고 렌트도 비싼 편이죠. 투자적인 관점에서 보면 파리는 건물 대부분이 문화재처럼 보호 대상이라 재건축도 불가능하고 공급이 제한된다는 희소성도 크죠. 미국이나 다른 나라 자산가들이 프랑스 파리 중심지에 있는 오래된 집들을 못 사서 안달인 이유도 이해가 됩니다. 20년이 지나면 구축이라 불리고 재개발차익을 기대하는 한국 아파트와는 전혀 다른 관점의 투자인 셈이죠. 그 가치는 전쟁이나 자연재해가 크게 발생하지 않는 이상 쉽게 훼손되지 않을 거라 봅니다. 런던의 첼시 같은 곳이나, 뉴욕 맨해튼의 어퍼이스트 지역과 비슷하다고 볼 수 있지만 또 다른 맥락이기도 해요. 실거주

나 교육 등의 가치와는 다르고, 도시가 지닌, 그리고 그 집이 지닌 레거시라고 해야 할까요. 장기적으로는 리스크가 매우 작은 투자라고 생각합니다.

김 _ 어떤 중고거래 서비스를 많이 이용하나요?

A _ 큰 곳의 서비스는 다 써보는 편입니다. 프랑스에서는 르봉쿠앙Leboncoin이란 서비스가 가장 많이 쓰이고 한국의 중고나라와 비슷한데 저는 패션잡화 중고거래 플랫폼인 빈티드Vinted를 애용합니다. 사실 리투아니아 스타트업인데 유럽 내에서도 프랑스 사용자가 가장 많다고 해요. 점점 유럽 주요 국가들을 연결시키고 있어서 요즘은 이탈리아 사람들과도 거래를 많이 하네요.

가구는 온라인이 많지 않고 비싸기도 해서 빈티지 마켓에 갑니다. 1년에 두 번 열리는 정말 거대한 빈티지 가구 마켓이 있는데 구경하는 데만 몇 시간이 걸리고 책이나 인터넷에서 사진으로만 보던 의자들이 길바닥에 널브러져 있는 참 재미있는 곳입니다. 최근에 구매한 아르네 야콥센Arne Jacobsen의 세븐체어 빈티지는 이베이에서 우연히 검색하다 걸려서 사기도 했네요. 한국에도 중고나라, 당근마켓, 각종 커뮤니티 중고거래 게시판 다 씁니다. 물론 이용 후에 경험의 질이 다르긴 하지만, 서비스 자체보다는 결국

나랑 맞는 물건이 어디에 많은지가 중요해서, 불편해도 참고 쓸
때도 많죠(웃음).

김 __ 럭셔리 브랜드 관련된 중고거래도 요즘 붐이라고 하던데
요? 그 시장도 궁금합니다.

A __ 수치로 봐도 럭셔리 브랜드의 중고거래가 늘고 있습니다.
미국에는 더리얼리얼The RealReal이 있고 유럽에는 베스티에르컬렉
티브Vestiaire Collective가 있는데 두 회사가 온라인 중고 명품거래에
서는 글로벌 투톱입니다.

중고 명품에서 가장 중요한 건 진품 여부의 검증이에요. 요새
가품이 워낙 잘 나오니 온라인에서는 불신이 더 높을 수밖에요.
베스티에르는 프랑스 기업이라 명품 브랜드에 근무한 경험이 있
는 사람들이 직접 검증을 합니다. 구매자들에게 분명한 가치를
제공해줄 수 있는 기업이죠.

전 세계적으로 중고 시장이 성장하고 있는 것은 결국 사람들의
인식이 바뀌었기 때문이겠죠? 예전에는 중고로 신발을 사면 왜
남이 신던 신발을 사서 신냐는 사람들도 많았는데, 요즘은 꼭 그
렇지만은 않은 것 같아요. 오히려 빈티지를 패션으로 보는 사람
들도 많아졌죠. 일본에 가면 시모키타자와 같은 곳에 오프라인

빈티지숍이 굉장히 많은데요. 일본어로 '후루기야'라 부르는 이 빈티지숍에는 두 종류가 있습니다. 하나는 주머니가 가벼운 학생들을 타깃으로 하는 중고숍이고요. 다른 하나는 새 제품보다 비싼 빈티지를 파는 곳이죠.

중고거래도 비슷한 것 같아요. 하지만 중고거래 비즈니스가 보통 사용했던 물건들을 저렴하게 파는 시장과 유일무이한 제품을 판매하는 마켓으로 양분된다면, 앞으로 후자도 점점 더 재미있어질 것 같다고 생각합니다. 샤넬백을 사더라도 2.55백이 처음 나온 1955년 모델을 경험하거나 소유하고 싶은 사람들이 늘어날 것이고, 와인 애호가 중에 한국 사람이라면 이우환 화백의 작품이 라벨에 들어간 2013년 샤토무통로칠드에 관심을 가질 사람들이 늘 것 같고요. 물론 동시대에 새 제품으로 구입하는 분도 많겠지만, 후대의 사람들은 구할 방법이 없죠. 그런 물건들이 어딘가 옷장이나 창고에 잠자고 있었는데, 이제 온라인을 통해 많은 사람들이 접근할 수 있게 된 거잖아요?

조금 다른 측면에서 보면, Z세대는 환경 이슈에 예민해요. 시즌마다 사서 입고 버리는 패스트패션에 많은 이들이 우려를 표출합니다. 그러한 방식으로 옷을 생산, 소비하는 것이 윤리적이지 않다고 인식하기 시작한 거예요. 특히 유럽에서는요. 하지만 한편으로는 반대되는 현상도 일어나죠. 중저가 밑에 초저가가 들어오는 모양새인데 유니클로도 별도로 GU라는 브랜드를 만들었고, 유럽에는 프리마크Primark라는 아일랜드 브랜드가 있는데 H&M보다 훨씬 저렴해요. 이렇게 조금이라도 아끼려는 소비자도 늘어나지만, 다른 한쪽에서는 친환경에 공정무역을 따지며 조금 더 비싼 가격을 감수하는 고객이 굉장히 늘고 있고 브랜드들도 촉각을 세우고 있습니다. 그리고 이런 고객들이 중고물건에 대한 거부감도 덜하고 오히려 친환경적이라 멋지다고 생각하는 경우도 많아서 중고 플랫폼과 협력하는 사례도 나오고 있어요. 최근에 베스티에르컬렉티브가 알렉산더 맥퀸과 협업을 했는데, 브랜드에서 고객들로부터 중고 옷을 회수, 매입해서 검증하고 인터넷 플랫폼으로 되파는 거죠. 애플 공식 리퍼 제품을 쿠팡에서 팔거나, BMW 공식인증 중고차를 헤이딜러에서 파는 것과 비슷한 구조죠. 희소성, 스토리텔링, 친환경까지 좋은 키워드는 다 나온 것 같네요. 럭셔리 브랜드의 중고거래는 앞으로도 점점 늘지 않을까 생각합니다.

김 _ 이탈리아에 가니 중고 빈티지 옷만 대여해주는 업체들이 있던 게 생각나네요. 대규모인데 주로 전 세계 명품업체들이 대여를 해요. 일종의 모티브를 얻는거죠.

A＿ 뮤지엄의 역할이네요. 컨템포러리 아티스트가 영감을 얻기 위해 과거의 예술작품을 보러 뮤지엄에 가는 것처럼요. 지금 이탈리아를 언급한 것처럼 프랑스, 이탈리아, 영국, 일본 등은 명품 중고 비즈니스에 가장 적합한 국가들이에요. 미국만 해도 레거시가 부족합니다. 레거시가 있는 지역과 한국, 중국처럼 현재는 구매력이 높지만 과거의 레거시는 부족한 지역을 연결하면 흥미로운 화학작용이 많이 일어나지 않을까요?

김＿ 미국의 더리얼리얼에 투자해도 될까요?

A＿ 제가 함부로 추천드리긴 어렵지만, 장기적인 추세로 봤을 때는 관심을 가지고 지켜봐도 재미있을 만한 섹터 같습니다.

김＿ 인터뷰 시작 때 중고거래를 엔터테인먼트라 하셨는데 왜 그렇게 느끼는지, 좀 더 자세히 들려주신다면요.

A＿ 제 경우에는 좋은 물건을 싸게 사면 그 자체만으로 만족을 느끼고 주변에 (그 재미를) 공유해도 부담스럽지 않은 것도 장점이에요. 또한 중고거래는 목적지향적 소비라기보다는 충동구매에 가까워요. 충동구매라기보다 세렌디피티serendipity, 완전한 우연이 가져다준 소비라는 표현이 더 맞겠네요. 대부분의 중고물건이 지

금 당장 구매를 결정하지 않으면 기회를 놓치거든요. 동일한 물건을 다른 곳에서 찾을 수도 없으니, 우연히 나와 인연이 닿아 기회가 왔을 때 반드시 잡아야죠. 대안이 없을 수 있다는 상황 자체가 스릴 있고 재미있어요.

물론 경제적으로도 훨씬 이득입니다. 새 제품은 구매하는 순간 감가상각이 급격히 시작되는 반면, 빈티지 의자는 사서 망가뜨리지만 않으면 그 가치가 지속적으로 상승하죠. 물론 옷 같은 경우는 중고로 사도 감가상각이 됩니다. 그 폭이 더 완만할 뿐이죠. 스니커즈 리셀 시장처럼 신품을 거래하는 시장은 조금 다르지만요.

김 _ 중고거래를 처음 한 게 언제인가요?

A _ 중고등학교 때니까 제법 역사가 깊네요, 하하. 지금도 그렇지만 저는 그때도 취미가 너무 많았어요. 중고등학교 때 부모님이 주신 용돈이 부족하진 않았는데, 보통 그 나이에 쓰는 용돈과 목적이 다르다 보니 돈이 부족했죠. 저는 밥이나 간식을 사 먹는 데 용돈을 쓰는 게 아니라 듣고 싶은 음악도, 써보고 싶은 전자제품도 너무 많았거든요. 과시도 아니고 그냥 써보고 싶은 마음이 컸어요. 그래서 중고거래를 시작했죠.

가령 고등학교 때 이어폰이 소니888이었어요. 당시 10만 원이 넘는 소니의 최고가 모델이었는데 비싸니까 중고로 산 거죠. CDP가 있었는데 MD가 나오면 사보고 싶었어요. 한 번도 써본 적 없는 기기니 음질이 궁금하고 복사도 해보고 싶은, 즉 새로운 기술을 경험해보고 싶은 욕구가 컸죠. MD만 해도 20만 원이 넘으니 당시 고등학생의 소비로는 일반적이지 않았고 저녁을 굶어서 모은 돈으로 결국 MD를 샀습니다.

생각해보면 모든 게 취미와 연결되네요. 음악을 워낙 좋아해서 고등학교 때 CD를 수백 장 모으고 애니메이션도 좋아해서 지브리 작품들이나 〈에반게리온〉이나 〈공각기동대〉 같은 애니들도 전부 모았거든요. 그런데 새로 듣고 싶은 음악과 보고 싶은 애니메이션은 계속 등장하잖아요. 그래서 기존에 갖고 있던 걸 팔고 다른 걸 사기를 반복했죠. PC통신 시절이었는데 그때부터 득템을 위해 커뮤니티에서 매복을 했죠(웃음).

김 __ 결국 새로운 경험을 하고 싶어서 중고거래를 시작한 거네요.

A __ 경험해보고 싶은 게 너무 많은데 자원은 한정적이니까요. 새 걸 사면 CD를 한 장밖에 못 사는데 중고로 사면 3장은 살 수 있고, 중간에 사고팔면 더 들을 수 있잖아요. 지금 그때 산 CD나 비디오테이프는 하나도 가지고 있지 않아요. 다 버리거나 팔았죠.

전부 노후화된 기술이니까요. 다행히도 물건 자체에는 애착이 없습니다.

김 __ 소니888은 무척 예민한 장비였는데 그것도 중고로 샀나요.

A __ 그러면서 배웠죠. 고장도 자주 나서 낙성대 쪽에 수리 잘하시는 분이 계셔서 가기도 했고요. 지금도 그렇지만 모든 중고거래의 기본은 상태 체크입니다. 낡은 걸 사면 찝찝한 걸 떠나서 미덥지 못하죠. 아는 사람한테 사는 것이 아닌 다음에야, 한 달 만에 망가져도 그냥 안고 가야 하고요. 그래서 지금도 옷을 거래할 때는 가능하면 몇 번 입거나 가격 태그만 떼고 안 입은 옷들을 삽니다. 그런 옷이 중고 마켓에 은근히 많아요. 선물받거나 내가 샀는데 괜히 안 입게 되는 옷이나 체중의 변화가 생겨 더 이상 못 입는 옷들은 누구에게나 있거든요. 예전에는 옷장에 그냥 몇 년씩 안 입고 넣어뒀는데 요즘은 다 중고 플랫폼에 내다 팝니다. 저도 누군가의 그런 옷을 구매하고요. 그런 중고제품이 상태도 좋고, 만족도가 높습니다.

김 __ 중고거래의 요령이네요. 중고거래와 관련해서 다른 에피소드는 없나요?

A _ 아프리카에 출사를 갈 정도로 카메라에 빠졌던 시기가 있었어요. 그때도 중고거래를 많이 했는데요. 일본에 살 때였는데 중고 카메라나 렌즈를 사다 한국에서 팔면 2배를 받을 수 있었죠. 가령 망원렌즈 같은 건 10만 엔에 사면 한국에서 200만 원에 파는 정도였거든요. 지금만큼 정보가 오픈되어 있지 않았고 카메라를 워낙 좋아하니까 어떤 모델이 한국에서 인기 좋고 희귀하고 어떤 게 일본에서 공급이 많고 싼지를 어느 정도 알았기에 가능했던 일이죠. 경제적 자원은 한정되어 있었지만 사진을 잘 찍고 싶고 장비를 다 써보고 싶었어요. 물론 기본 렌즈 하나만 있어도 실력 좋으신 분들은 충분히 좋은 사진을 찍을 수 있는데, 그냥 브랜드별로 차이도 느껴보고 싶었고 렌즈도 종류대로 써보고 싶어서 어쩔 수 없이 중고제품 사고팔기를 되풀이했습니다. 지금은 그때의 장비를 하나도 갖고 있지 않아요. 다 팔았죠. 아까 말한 것처럼 경험을 위해 잘 만든 물건을 써보고 거기서 행복을 느끼는 게 중요하다고 생각합니다.

김 _ 일본에 살아서 그런 중고거래가 더 수월했을까요. 레거시를 존중해주는 나라인 것 같은데요.

A _ 레거시도 레거시인데, 일본은 소비자들이 자기 돈을 써가

면서 좋은 기술이나 서비스를 인정해주는 나라가 아닐까 싶어요. 그런 나라가 전 세계적으로 몇 없습니다. 그래서 일본이 매력적인 시장인 거죠. 전 세계에서 가장 큰 파타고니아 빈티지숍이 일본에 있었다는데요. 사람들이 매번 새 옷을 사 입는 게 아니라 평생 동안 입는 옷을 만드는 게 파타고니아 창업자의 꿈이자 자부심이잖아요. 그런데 일본에서는 사람들이 30년 된 파타고니아를 고쳐서 입고 빈티지숍에 팔고, 그게 정가보다도 비싸게 팔리고, 그걸 본 창업자가 감동을 받았다는 일화를 본 것 같아요. 물론 일본에도 트렌드라는 게 있지만 사람들이 브랜드도 신뢰하고 예전 스타일도 빈티지로 멋지게 인정해주는 거죠.

김 __ 마지막으로 중고거래에 대해 이야기해주고 싶은 게 있다면요.

A __ 중고거래 플랫폼에서 파는 사람과 사는 사람 간의 주된 니즈가 다르다는 사실을 인식할 필요가 있다고 봅니다. 파는 사람들 중에서 돈을 벌려고 하는 사람들은 주로 업자들인데, 그들에게는 마진이 중요하죠. 하지만 일반인 판매자의 가장 큰 니즈는 사기당하지 않고, 시간 많이 안 쓰고, 사는 사람이 귀찮게 하지 않는 것, 즉 편의성입니다. 그래서 중고거래 서비스라면 어떻게 하면

저 사람이 귀찮지 않게 물건을 팔 수 있게끔 도와줄지를 생각해야 합니다. 당연히 최악은 안 팔리는 거니까 트래픽이 많이 일어나도록 해야 하고요. 생각보다 마진이 중요한 게 아니죠.

사는 사람 입장에서는 물론 저렴하게 사는 것도 중요하지만, 재미가 있어야 한다고 봅니다. 중고거래는 일종의 보물찾기잖아요. 중고거래 서비스를 제공하는 회사들은 어떻게 하면 더 재미있게 만들어줄까를 늘 고민하는데 관건은 노출 방식이에요. AI를 통한 추천 혹은 정교한 필터링 등 서비스마다 방식이 다 다르죠. 여기서 서비스들의 역량 차이가 드러납니다. 빈티드나 베스티에르 같은 경우는 사이즈나 가격, 색상 등으로도 검색이 가능해요. 써본 것 중 최고는 메루카리. 빈티드가 거의 비슷한 수준으로 서비스를 잘 만들었어요.

그 반대에는 게시판형 서비스들이 있고요. 검색도 한계가 있고 결국 불필요한 시간을 많이 써야 하고 재미 측면에서도 아무래도 집중이 떨어지기 쉽죠. 제 관심사를 쉽게 찾고 쉽게 만날 수 있도록 하는 게 관건인데 너무 어렵습니다.

아까도 말했듯이 중고거래의 묘미는 '발견'이에요. 처음부터 계획하고 가는 게 아니잖아요. 우연히 둘러보다가 예뻐서, 그리고 가격도 괜찮아서 사는 거죠. 재미있는 건 그런 거래를 하려면 나

잘 만든 물건을 발견하고 경험하는 기쁨, 중고거래

에게 그만큼의 경험과 지식, 맥락을 꿰뚫을 수 있는 안목이 있어야 할 때가 많아요. 눈앞에 보물이 있어도, 이게 보물인지 아는 사람한테 결국 보물이 가기 마련이죠. 어찌 보면 치밀하게 준비된 세렌디피티인 셈입니다.

덕업일치,
가장 가치 있는 투자

박소령(퍼블리 대표)

인터뷰 청탁 메일을 보내자 박 대표는 개인 투자를 하지 않는데 인터뷰에 응해도 괜찮겠냐는 답신을 보내왔다. 《마케터의 투자법》의 메인 테마는 '투자'이지만 취미를 투자의 소재로 다룬 만큼, 분명한 관심사가 있고 그 관심을 자기만의 관점으로 만들어 가는 사람들을 인터뷰하고 싶다는 것이 나의 답변이었다. 인터뷰를 흔쾌히 수락한 박 대표에게 개인 투자를 하지 않는 이유부터 물었다. 투자에 관심이 없기도 하지만 멀티태스킹에 약하기 때문이라고 했다. 지금 집중하는 일에 100을 쓰고 나머지에는 1도 쓰지 않는 타입이라고 스스로를 소개했는데, 나는 그것이야말로 진정한 투자자의 DNA가 아닌가 싶었다. 사족 같지만 창업자 대부분은 투자자의 DNA를 갖고 있다는 것이 평소 나의 생각이다.

김 — 인터뷰에 응해주셔서 감사합니다. 개인 투자를 안 하신다고 하셨는데, 왜인지는 모르지만 막연히 그럴 거라 짐작하긴 했어요. 하지만 투자를 안 해도 '투자자'에는 관심 있지 않을까 싶었습니다. 가령 트레이더 김동조 님의《모두 같은 달을 보지만 다른 꿈을 꾼다》나 워런 버핏, 레이달리오의 책을 읽고 후기를 올리시는 것도 그런 맥락이라 생각했고요.

박 — 동의합니다. 집중하는 일에 100을 쓴다는 건 개인에 따라 의미가 다르겠지만 지금의 저는 퍼블리에 100을 걸고 있다고 생각하고요. 말씀하신 것처럼 투자자의 DNA와 통할 수도 있겠네요. 모험까지는 아니어도 몰입하는 일에 100을 거는 성향을 '하이리스크, 하이리턴'의 맥락으로 생각하면 창업도 아주 큰 투자니까요. 어쩌면 워런 버핏이나 레이달리오의 책을 읽으면서 투자자이자 경영자인 구루의 마인드를 엿보고 싶었던 것 같습니다. 그러고 보니 사모펀드 CEO 스티븐 슈워츠먼Stephen Schwarzman의《투자의 모험》도 제가 좋아하는 책이네요.

다만 그런 책들에 등장하는 조직은 균질한homogeneous 역량을 가진 사람들끼리 모여서 일하는 곳에 가깝습니다. 가령 컨설팅 조직의 경우 5명이 한 팀을 이룬다고 하면 서로 하는 일을 대체할 수 있어요. 퍼블리를 시작하고 처음 1~2년 동안 적응하는데 고생했던 것도 이런 조직의 특성과 관련돼 있고요. 퍼블리는 엔지니어, 디자이너, 데이터 분석가, 운영조직 등 다양한 전문성 expertise을 가진 사람들이 모여서 협업을 통해 하나의 성과를 만들어내는 조직에 가깝거든요. 물론 제가 투자업계를 잘 몰라서 하는 말일 수도 있지만요.

처음으로 돌아가서 투자 DNA 이야기를 잠깐 해보자면, 분석하는 걸 좋아하는 것과 잘되는 것에 베팅하는 것은 전혀 다른 일이라 생각해요. 애널리스트와 돈을 버는 트레이더(펀드매니저)의 역할이 다른 것처럼요. 트레이더는 매일 어디에 돈을 거는지, 숫자가 찍히는 삶을 살잖아요. 앞에서 말한 김동조 님이 링 위에서 전투하는 기분이라고 자신을 표현한 것에 무척이나 공감하고, 만일 리서치센터에서 애널리스트를 했던 분의 책이었다면 저에게 또 다른 느낌으로 다가왔을 것 같아요. 지금도 책상에 그 책이 꽂혀 있는데 읽을 때마다 '아, 일 열심히 해야겠다' 하면서 동기부여가 됩니다.

김 _ 사적인, 그러니까 '취미'의 개념에서는 평소 콘텐츠를 얼마나 보시나요?

박 _ 사적인 영역과 공적인 영역을 완벽하게 나누긴 어려울 테니 주말로만 한정해서 이야기할게요. 책을 보는 데 20~30%, 드라마나 영화를 보는 데 50~60%를 쓰고, 나머지는 웹툰을 봅니다. 유료로 구독하는 콘텐츠 플랫폼은 리디북스의 리디셀렉트, 넷플릭스, 왓챠 정도가 있네요.

김 _ 저와 꽤 비슷한 비중인데요. 주로 어떤 콘텐츠를 즐겨 보시나요?

박 _ 워낙 광범위해서 딱 잘라 말하긴 뭐하지만, 일드나 미드를 예로 들어볼게요. 우선 일드는 크게 두 가지로 나뉘어요. 보고 있으면 소화가 잘되고 마음이 편안해지는, 힐링 물에 속하는 것들이 있고요. 한편으로는 열혈물인데 스포츠를 주제로 하거나 열심히 사는 사람들의 이야기예요. 저는 후자가 좀 더 좋아요. 가령 아다치 미츠루의 작품은 열혈 소년들이 주인공이죠. 꽤 오래전 작품이지만 촌스럽지 않고 읽는 사람을 울컥하게 만드는 힘이 있어요. 그런 감성이 배어나오는 드라마를 보고 있으면 힘이 나고 스스로를 응원하는 마음으로 돌아가죠. 물론 누군가는 이런 드라마를 굳이 교훈을 심어주려 한다고 싫어할 수 있겠지만, 저는 그렇게 열심히 사는 사람들의 이야기를 좋아합니다.

미드는 일드보다 훨씬 더 장르가 다양한데 늘 좋아하는 1순위로 꼽는 드라마는 역시 〈웨스트 윙〉이에요. 이 드라마도 일하는 사람들의 이야기인데 배경이 백악관일 뿐이죠. 대학생 때 그 드라마를 처음 본 후로 힘들 때마다 보는데, 그때마다 '그래, 나도 열심히 살아야지' 하는 기분이 듭니다.

일로 보는 콘텐츠는 100% 텍스트예요. 사실 읽을 시간이 많이 없기도 해요. 저희 팀이 슬랙이라는 메신저를 쓰는데 대화 도중에 멤버들이 서로서로 읽을거리를 링크로 올려주거든요. 이렇게 올라오는 내용을 읽는 데만도 시간을 많이 씁니다. 당연히 페이스북, 트위터, 인스타그램이라는 소셜미디어도 저에게는 콘텐츠 채널이 되죠. 그중에서도 트위터는 정보를 받아보는 첫 번째 수단이고, 리스트를 따로 만들어서 관리할 정도인데요. 이 사람이 올린 정보는 매일 봐야겠다고 생각되면 출근하는 시간에 꼭 챙겨봅니다.

김 __ 실례지만 그 리스트를 여쭤봐도 되나요?

박 __ 재미있게도 3분의 1이 국내외 투자업계에 계신 분들이네요. 그다음 3분의 1은 해외에서 일하는 한국 분들이에요. 국내에서 접하기 어렵거나 생각지 못하는 것들을 알려주신다 생각하고 챙겨봅니다. 나머지 3분의 1은 언제 봐도 재미있는 내용을 올려주시는 분들이에요.

김 ＿ 내가 갖고 있지 않은 관점, 잘 안 보는 것들 위주로 받아보는 거네요.

박 ＿ 네. 신문이나 네이버 뉴스 등도 대략적으로 체크하지만 그런 데서 안 걸리는 이야기를 찾기에는 트위터가 가장 적합해요. 적어도 제게는요. 리스트 관리를 잘해보시길 추천합니다.

김 ＿ 소셜미디어라면 요즘 클럽하우스가 화제인데 해보니 어떠셨어요?

박 ＿ 방을 개설해서 4번 정도 해봤어요. 일단 저희 서비스의 매력을 알리는 것, 퍼블리 사람들이 어떻게 일하는지 알리려는 목적, 즉 '채용'이라는 측면에서는 확실히 효용이 있다고 봐요. 저희 팀 마케터들이나 커리어리 팀원들을 모아서 대화하는 식으로 제가 모더레이터를 맡아서 퍼블리 이야기를 하는 거죠. 퍼블리라는 곳의 속살을 보여주고 질의응답을 받기도 해요. 클럽하우스를 보면 거의 모든 스타트업들의 채용 전쟁터라는 생각이 듭니다. 반대로 제가 오디언스 입장에서 클럽하우스를 보면, 저는 훨씬 정제된 콘텐츠를 듣고 싶고, 보고 싶고, 알고 싶은 것 같아요. 상대적으로 공들인 것을 보고 싶다는 마음이랄까요. 잘 만든 드라마를 보면서 동기부여를 받고 스토리에 감탄하는 것처럼 웰메이드 콘텐츠에 마음이 더 갑니다.

김 _ 클럽하우스는 아무래도 즉흥적으로 만들어내는 콘텐츠에 가까우니까요. 인스타그램은 어떻게 쓰시나요?

박 _ 트위터가 정보 수급용이라면, 인스타그램은 극단적으로 다르게 쓰고 있어요. 저희 팀 사람들이나 정말 친한 지인들, 브랜드 공식계정을 팔로우하는 것 외에는 개인적인 콘텐츠를 아카이브하는 용도죠. 저의 달리기 기록이나 일상 혹은 여행지에서 본 것들을 올리는 기록장이에요. 그것으로 충분합니다.

김 _ 사람들이 콘텐츠라 하면 돈을 내고 구독하거나 일부러 찾아 읽는 걸 연상하는데, 사실 페이스북이나 인스타그램처럼 유저들이 계속 만들어내는 콘텐츠가 상당한 지분을 차지하죠. 그런 면에서 유료 콘텐츠의 실질적인 경쟁자는 소셜미디어가 아닐까요. 그런 관점에서 퍼블리의 '푸시 서비스'가 인상적이었습니다.

박 _ 네, 고객들이 저희 콘텐츠를 구독하는 것도 중요하지만 콘텐츠를 읽는 행위 자체가 일종의 루틴이 되어야 한다고 봤어요. 푸시 서비스는 재결제 고객을 늘리기 위한 이유로 시작했어요. 서비스를 준비하면서 2020년 말에 A/B 테스트를 한 달 좀 넘게 진행했는데요. 콘텐츠를 일괄적으로 특정 시간에 발송하는 것과 고객이 원하는 시간에 맞춰서 루틴처럼 발송하는 것으로 나눠서 테스트했더니 저희가 예상했던 지표가 나왔어요. 자신이 원하는 시간에 받아본 고객들의 재결제율이 높았죠. 직장인들이 인스타그램을 보는 것도 주로 출퇴근시간이나 점심시간인데요. 그때 퍼블리가 '어텐션'을 보내는 거죠.

김 _ 처음 퍼블리를 시작할 때 생각했던 '콘텐츠'와 지금 퍼블리에서 공급하는 콘텐츠의 결이 아무래도 좀 달라졌죠.

박 _ 네, 맞아요. 양극화 시대에서 소수 집단만이 수혜를 누리지 않게끔 정보와 지식의 격차를 줄이겠다는 퍼블리의 미션은 달라지지 않았어요. 사회 전반의 상향평준화에 기여하겠다는 생각도 여전히 같습니다. 다만 퍼블리 초기에는 상향평준화를 위해 만들고자 하는 콘텐츠의 접근이 달랐어요. '〈뉴욕타임스〉에는 있는데 한국에는 없는 콘텐츠'라든지 '한국에는 소개되지 않았지만

마케터의 투자법

깊이 있는 리포트'를 만들어보자는 식이었죠. 지적 즐거움에 가까웠을 수 있겠네요.

하지만 2~3년 동안 퍼블리 서비스를 해보면서 느낀 건 한 달에 콘텐츠에 20만~30만 원 이상을 쓰는 분들이 한국에 엄청 많지는 않았다는 거예요. 시장도 크지 않은데 기성 콘텐츠와 경쟁까지 하는 건 어려운 전략이라는 판단을 내렸습니다. 어떤 콘텐츠를 만들어야 할까, 콘텐츠는 무엇이 되어야 할까를 반복적으로 고민하는 과정에서 저희는 콘텐츠는 '수단'이라고 정의를 내렸어요. 우리는 일하는 고객의 어려움을 해결해주는 서비스를 해야 하고 그 해결책(수단)을 콘텐츠라 본 거죠. 이런 논의를 거쳐 2019년 초부터 퍼블리는 일하는 고객의 어려움을 해결해주는 회사가 되자고 방향을 정했습니다. 퍼블리의 콘텐츠는 고객의 페인 포인트pain point를 해결하는 솔루션이고, 지금은 텍스트와 영상이 그 솔루션입니다.

김 __ 콘텐츠가 솔루션이라는 메시지는 잘 알겠고 크게 공감하는데, 왜 일을 더 잘하고 싶은 사람들이 타깃인지는 궁금하네요.

박 __ 예리한 질문이에요. 퍼블리가 '일하는 사람들의 콘텐츠 플랫폼'이라고 공식화한 건 2018년 여름입니다. 그 변곡점을 돌이켜

보면 이야기가 좀 길어지는데요. 저희 주주 중 500Startups라는 미국 VC가 있는데 이곳에서 한국의 스타트업을 서너 곳 골라서 8주 정도 부트캠프라는 명목으로 트레이닝을 시켜요. SAP^{Series A Program}이라는 프로그램입니다. 회사를 엑싯시킨 경험이 있거나 대규모 스타트업에서 일하는 사람들이 한국에 와서 코칭을 하고, 저희도 지표를 끌어올리기 위해 꽤 비싼 수업료를 내고 그 프로그램에 참여했죠. 그때 저희를 멘토링해주신 동유럽 쪽 마케터분이 제게 이런 질문을 했어요. "너희 고객은 누구야?", "너희 고객들의 문제점을 어떻게 해결해줄 수 있어?"라는 질문을 막 하는데 제가 답변을 제대로 못하겠더라고요. 정확히는 기억나지 않지만 아마 'USE CASE'라는 말을 썼을 텐데, 고객들이 너희 서비스를 어떻게 사용하는지 대표적인 케이스를 설명해보라는 질문이었습니다. 답변을 제대로 못했더니 당장 고객들에게 물어보라는 거예요.

숙제를 해결하기 위해 고객들에게 메일을 보내고, 콜드콜도 하고 인터뷰도 하면서 고객의 소리를 듣는 데 시간을 썼죠. 그전에도 정성적인 고객조사는 했지만 이 질문에 대한 답을 찾고자 집중적으로 노력했습니다. 그 과정에서 기본적으로 우리 고객들은 업무상의 이유로 돈을 내고 우리 콘텐츠를 보는구나, 고객들의 주요 직무는 마케터들이구나, 법카는 어느 정도 쓰는구나 등을 알기 시작하면서 서비스 슬로건을 바꾼 거예요. 비타민을 팔 게 아니라 진통제를 팔았어야 했는데 저희가 잘못 짚었다는 것도 알게 됐고요. 시행착오를 겪긴 했지만 '일하는 직장인'이라는 타깃이 명확해진 거죠. 그때부터 일을 더 잘하고 싶고 자기계발 욕구가 강한 직장인들을 타깃으로 삼았는데 그 역시 많지는 않았어요. 게다가 요즘에는 사람들이 회사에서의 성공에 예전만큼 뜻이 높지 않고, 굳이 따지자면 워라밸에 좀 더 큰 비중을 두잖아요. 성취감이나 자기계발 쪽으로만 포지셔닝하기에는 시장이 너무 좁더라고요. 그래서 관점을 바꾸어 생각해봤죠. 사람들이 일을 잘하고 싶어 한다는 의미는 무엇일까? 저희가 생각하는 포인트는 효능감이에요. 어떻게 하면 야근을 덜 할 수 있을까, 어떻게 하면 사수에게 덜 혼날 수 있을까 같은, 사소하지만 즉각적인 효능감이요.

김 __ 효능감이라는 말이 공감되는데요.

박 __ 사람들이 재결제를 하게 하려면 즉각적인 효능감을 느끼게 하는 게 정말 중요하거든요. 마켓컬리는 오늘 주문하면 내일 아침 문 앞에 와 있죠. 세탁물 서비스 런드리고도 마찬가지고요.

콘텐츠는 그에 비해 즉각적인 효능감을 주기가 쉽지 않아요. 저희가 2019년 말부터 가졌던 고민은, 콘텐츠가 솔루션으로 작동하려면 'time to value(고객이 가치를 느끼는 데까지 걸리는 시간)'가 짧아져야 한다는 것이었어요.

이 시간을 단축하기 위해 2020년 초부터 다양한 실험을 했습니다. 아티클이라는 형식으로 콘텐츠 분량을 줄이거나 이 콘텐츠를 읽기 전에 무엇을 얻을 수 있는지 설명을 추가하거나, 콘텐츠의 핵심 요약을 넣는 식으로 형식적인 변주를 시도했죠. 실험마다 고객들이 어떻게 반응하는지를 전부 지표로 트래킹했고요.

한편으로는 실용적인 주제에 초점을 맞췄습니다. 가령 출근길에 읽으면 그날 업무 시간, 회의 시간, 미팅 등에서 바로 써먹을 수 있는 것들이요. 이렇게 하루하루 직장에서 'small success'의 경험이 쌓여야 효능감도 느끼고 다음 달 재결제도 하고, 또 길게 쓸수록 승진/이직에도 도움될 테니까요. 실제 고객 리뷰를 보면 '오늘 회의에서 써먹을 수 있는 콘텐츠다', '내일 회사에 가서 할 이야기가 생겼다'는 내용이 올라오더라고요. 이런 걸 보면서 저희가 원하는 방향으로 가고 있다고 생각했습니다.

김 _ 즉각적인 효능감이 좋은 전략이라는 데 공감합니다. 한편으로 퍼블리는 '이걸 모르면 안 돼'라는 불안함이랄까, 소비자의 마음을 잘 건드려주는 것 같아요. 요즘 서비스하는 커리어리도 비슷한 맥락이죠?

박 __ 네, 맞아요. 커리어리는 업계 전문가들의 인사이트를 공유하자는 취지로 만들었고, 2020년 초기 오픈부터 2020년 3분기까지는 소위 '일잘러'라 부르는 사람들의 커리어와 업계 동향을 살펴볼 수 있는 앱으로 포지셔닝했어요. 시기를 짚어보면 2019년 하반기부터 클로즈드 베타closed beta로 서비스를 해왔고, 2020년 2월 앱스토어에 오픈했습니다. 처음에는 가벼운 의도로 시작했어요. 마케팅의 퍼널 전략funnel Strategy이라는 측면에서 보면 고객들에게 우리를 알리기 위한, 그 깔때기의 최상단에 위치하는 서비스가 필요하잖아요. 퍼블리 멤버십은 유료여서 고객을 벌크로 데려오기 어렵고, 언제까지나 페이스북이나 인스타그램에 의존해 고객을 데려올 수는 없으니 그런 매체를 대체할 무언가가 필요하겠다고 생각했죠. 2년 전 소비자들이 (아무래도 무료니까) '뉴스'를 많이 보는 걸 보면서 뉴스 컨셉의 서비스를 만들어야겠다고 생각했습니다. 1년 동안 테스트하고 2020년에 시작했는데요. 뉴스지만 일하는 개인이라면 누구나 커리어 관리를 할 수 있는 SNS로 포지셔닝하고자 2020년 12월에 이름을 커리어리로 리브랜딩했습니다. 그래야 오래 갈 수 있다고 생각했고 더 많은 사람들이 유입될 테니까요.

김 _ 요즘 우리가 말하는 '커리어'는 회사뿐 아니라 밖에서도 일 잘하고 성장하는 사람이라는 확신을 주는 거라 생각해요. 그리고 퍼블리가 그런 심리를 잘 건드렸다고 생각합니다. 콘텐츠 만드는 과정에서 대중의 생각을 얼마나 읽으려고 노력하시는지, 그런 노력이 어느 정도 반영되는지도 궁금합니다.

박 _ 퍼블리의 키워드는 실용과 재미를 강조한 것 말고는 아직 없어요. 대중의 생각을 읽고 콘텐츠를 만든다고 하기에 저희는 아직 작은 플랫폼이니까요. 다만 커리어리를 제외하고 영상을 포함한 퍼블리의 유료 멤버십 고객들을 보면, 저희는 앞으로 '직장인을 위한 구글'이 되어야 한다고 봅니다. 일하다 보면 궁금한 것들이 분명 생기는데 상사에게도 후배에게도 물어보기 애매한 것들이 있거든요. 네이버나 구글에 검색해봐도 원하는 결과가 잘 안 나오고 엉뚱한 답변이 나와요. 그런데 퍼블리에 검색하면 정제된 콘텐츠가 입맛에 맞게 딱 나오는 거죠. 이게 유료 구글인 거예요. 여기서 검색하면 내 시간과 에너지를 절약할 수 있다, 이게 퍼블리의 비전이 되어야 한다고 생각합니다.

그러려면 저희가 직장인들이 궁금해하는 키워드에 대한 콘텐츠를 갖고 있어야 하고, 그만큼의 양을 빠르게 확보해야 한다고 생각해요. 그렇다고 저희가 그 콘텐츠를 다 만들 수는 없으니 외부에서 소싱을 하든 내부에서 기획을 하든 해야겠죠. 저희 서비스 상단에 검색창이 있는데, 의외로 저희 서비스에 들어오는 고객들이 검색을 많이 합니다. 외부에서 들어온 사람들이 검색하는 키워드, 내부 유료고객들이 검색하는 키워드가 무엇인지를 매주 트래킹해요. 당연히 어떤 회원이 검색했는지도 보죠. 이 회원이 어떤 직군에 있고, 어떤 업계에 있는지, 회사 규모는 어떻게 되는지, 1인 기업인지 등을 보면서 정보값을 체크해요. 대중의 생각을 읽는다기보다는 내부 리소스를 통해 고객들이 무얼 궁금해하는지 본다는 데 더 가깝겠네요.

김 _ 사람들의 니즈를 캐치하는데 대중보다는 어망을 조금 좁혀서 보는 거네요.

박 _ 물론 저희 고객이 좋아하는 콘텐츠, 그리고 퍼블리를 보지 않는 고객들이 무엇을 좋아하는지 양쪽 다 봐야 합니다. 저희는 유료 고객을 데려와야 하니까 외부로 그물을 넓히는 작업을 해야 하고요. 아직 부족하지만 그걸 잘해야 하는 것이 PM의 역할이에요. 매주 PM들이 브레인스토밍한 내용을 가져오고 함께 보면서 정리해요. 주제를 갖고 정기 미팅을 하는데, 아무거나 막 던진다기보다는 카테고리가 있어요. 그 토픽에 맞게 이런 콘텐츠를 만들면 좋겠다고 세부적인 아이디어를 가져오면 그 과정에서 담당자가 아이디어를 기획으로 발전시키거나 칼질을 하죠. 전 주에 발행된 콘텐츠의 조회수나 만족도, 리뷰 등을 보면서 데이터를 분석하기도 하고요. 그러한 과정에서 계속 새로운 콘텐츠가 태어납니다.

김 _ 퍼블리 고객 중에는 마케터나 기획자 분들이 많죠?

박 _ 매월 들어오는 분들의 편차가 있긴 하지만 현재 저희 고객은 이른바 문과 졸업생들이 다수예요. 마케팅, 전략, 기획, 인사 등등을 맡은 분들이죠. 문과 직장인들이 베이스를 이루지만 이 시장만을 노릴 수는 없으니 어떻게 하면 이과 직장인으로 넘어갈 수 있을지 고민하다 영상 쪽에서는 그쪽 니즈를 조금씩 건드리기 시작했어요. 예를 들면 SQL이나 통계 프로그램 다루는 것, 데이터 분석하는 일들이에요. 데이터 분석은 이과와 문과 상관없이 다들 원하는 역량이고, 잘하면 회사에서 유리하죠.

김 __ B2B 고객도 그런 니즈가 있을 텐데, 어떤가요?

결론적으로 말씀드리면 잘되고 있어요. 아까 퍼블리가 '직장인을 위한 구글'이 되어야 한다고 했는데, 그러려면 핵심은 각 회사 인프라에 퍼블리가 깔리는 것이거든요. 모든 회사의 인프라에, 대학 도서관에 퍼블리가 들어가는 거죠. 물론 일을 잘하려고 저희 서비스를 구독한다면, 그 돈을 회사가 낼 수도 있고 개인이 낼 수도 있을 거예요. 그런데 저희 멤버십 사업을 총괄하는 김광종 리더의 이야기가 인상적이었어요. 당연히 일에 대해 어려움을 느끼거나 고민을 해결하고 싶으면 돈을 내고 솔루션을 찾을 수 있지만, 돈을 내면서까지 내 일을 고민하는 개인은 소수라는 거예요. 시장이 작다는 거죠. 하지만 기업은 직원들이 일을 잘하는 게 중요하니 당연하게 돈을 지불하죠. 아까워하지도 않아요. 저희는 B2B와 B2C를 둘 다 멤버십 사업으로 통합해서 보는데, B2C는 굉장히 넓은 그물망을 치는 역할이에요. 마켓컬리에서 첫 고객을 유치하기 위해 체리를 100원에 파는 것과 유사한 차원이죠. B2C로 퍼블리를 접한 고객들이 회사에서 "이거 괜찮은데? 그러니까 우리 팀이 다 보자", "우리 회사에서 연간결제하자"라는 식으로 퍼져 나갔으면 하는 바람입니다. 그래야 하고요.

김 __ B2C 콘텐츠는 취향이 세분화될수록 만들기 어렵지만, 퍼블리처럼 미션이 명확한 콘텐츠는 일종의 펀더멘털처럼 자리잡으면 유리할 것 같습니다. 투자 관련 콘텐츠도 발행하신 걸로 아는데, 구독자들의 반응이 궁금합니다.

박 __ 지금까지 아주 크게 터진 건 없어요. 저희는 콘텐츠가 발행되면 꼭 성적(?)에 대해 회고를 합니다. 오늘 보니 〈미국주식 알려드립니다〉라는 콘텐츠가 5편까지 나왔는데요. 애플이나 넷플릭스 등의 주식을 놓고 재무제표를 분석하면서 이 주식이 살 만한지 아닌지를 분석해주는 콘텐츠였어요. 저는 개인적으로 꽤 좋았는데 저희 멤버십 고객들 사이에서는 반응이 높지 않았어요. 리뷰를 보니 어느 종목을 사라고 정확히 말해야 좋아하더라고요.

한편 이 과정에서 투자에 대한 MZ세대의 관심을 또 생각하게 되었는데요. 얼마 전에 집중적으로 읽은 콘텐츠 중에서 실리콘밸리의 VC 안드레센 호로위츠Andreessen Horowitz, A16Z라는 회사가 펴낸 〈The social strike back〉이라는 리포트가 기억납니다. MZ세대가 바라보는 각각의 인더스트리에 대해 이야기해요. 예전 사람들이 "너 무슨 책 읽어? 너 무슨 음악 들어?"라고 묻는 것처럼 요즘 친구들은 "너 어디 투자해?"라고 편하게 물어본다는 거예요. 우리 세대만 해도 그런 걸 물어보는 게 결례라 생각했는데 투자는 MZ세대의 일상적인 토픽이 되었다는 거죠. 그러한 측면에서 투자야말로 계속 기획해볼 만한 주제죠.

김 __ 저 역시 이 책을 쓰면서 많은 분들이 투자를 해보고 싶다는 마음을 갖길 바랐습니다. 투자와 마케팅을 접목해서 생각해봐도 좋겠고요. 책에도 썼지만 투자와 소비를 떼어놓고 생각할 수 없잖아요. 특별히 좋아하는 브랜드나 유의미하게 생각하는 경험이 있는지요?

박 __ 사실 저는 소비를 매우 좋아합니다, 하하. 뭐든 생산할 시간에 소비하는 걸 좋아해요. 책 쓸 시간에 책을 읽는 것처럼요. 좋아하는 브랜드라… 브랜드라는 게 참 광의의 개념이잖아요. 제품도 제품이지만 그 제품에 담긴 창업자의 뜻에 공감해서 관심가는 브랜드들이 있어요. 물론 나이키나 애플, 이솝 등도 그렇고, 쿠팡도 그중 하나예요. 실제 제 소비에서 큰 비중을 차지하죠.

쿠팡이 처음 나왔을 때를 아직도 기억해요. 소셜커머스라는 이름으로 유사한 업체가 많이 나왔고, 쿠팡은 3명의 공동대표가 있는 온라인 커머스 회사 정도로 기억나요. 그런 회사가 상장해서 50조짜리 회사가 되기까지 김범석 대표가 얼마나 힘들었을지 상상이 되거든요. 실제 쿠팡이 잘되겠냐는 의구심 섞인 이야기도 많이 있었죠. 제 생각에 지금의 쿠팡을 만든 결정적 분기점은 배송에 올인해야겠다고 선언했을 때 같아요. 주문한 물건을 무조건 다음 날 받아볼 수 있게 해주겠다는 선언으로 고객의 페인 포인트를 파고들었는데, 그러려면 엄청난 자금이 필요하잖아요. 물건 사업부터 물류, 배송기사 고용까지 책임지겠다고 투자자들을 설득했을 테고요. 그러다 코로나19가 터졌고 소비자들에게 '쿠팡=신뢰'라는 이미지를 인식시켰는데, 그건 단순한 운이 아니라 치열하게 노력한 결과라 생각합니다. 그거야말로 엄청난 베팅이고 투자죠. 그 아슬아슬한 시기들을 돈을 끌어모으면서 버틴 것만으로 쿠팡을 응원하게 돼요. 물론 그동안 일어났던 잡음들도 개선해갈 거라 믿고요. 상장을 앞두고 있는데 한국에서 이런 글로벌 기업이 나온다는 건 정말 대단한 일이고, 앞으로도 쿠팡 같은 기업들이 계속 나올 것을 기대해봅니다.

김 _ 이 책에서는 투자를 '변화를 따라가는 힘'으로도 정의합니다. 혹시 대표님이 생각하는 콘텐츠의 또 다른 정의가 있을까요?

박 _ 예전에 경북대 김두식 교수님이 진행하는 팟캐스트를 즐겨 들었는데, 그때 교수님이 방송 인트로에서 읽어주는 멘트가 기억에 남아요. '책들 중에는 내가 갖고 있는 생각을 강화시켜주는 것보다 내 생각을 깨부수는 책들이 있다. 그런 책들을 만나시라라는 거였어요. 흔히 필터버블에 갇힌다고 하잖아요. 소셜미디어에서도 필터링을 거쳐 내 생각을 강화해주는 사람들하고만 만나고, 현실에서도 그렇죠. 하지만 콘텐츠는 노력만 하면 내 생각을 깨주는 콘텐츠를 찾을 수 있어요. 저는 선입견이 세고 호불호도 강하지만, 그래도 조금은 노력을 하거든요. 내가 지금 너무 극으로 간다 싶으면 메타 인지를 하려고 부족하나마 애를 씁니다. 그때 콘텐츠가 중요한 역할을 해줘요. 꼭 책이 아니어도 나를 깨뜨려주는 것이 콘텐츠의 역할이고, 콘텐츠를 통해 깨지는 과정에서 이른바 정반합을 거치며 성장했다는 느낌을 받습니다. 저희가 만든 콘텐츠도 그랬으면 좋겠고, 생산자로서도 소비자로서도 그런 콘텐츠를 좋아합니다. 한마디로 저와 생각이 다른 콘텐츠요. 개방성이 있어야 성장할 수 있는 시대잖아요.

김 _ 제 책도 누군가에게 그런 역할이 되면 좋겠네요. 좋은 말씀, 감사합니다.

마케터의 공부법

이 책은 나의 세 번째 책이다. 탈고 후 처음으로 친구에게 읽어봐 줄 것을 부탁했다. 보통은 출간 전까지 편집자와 출판사의 의견을 구하는 정도지만 이번에는 좀 달랐다. 전자책으로 출간되기에 일부러 알려주지 않으면 친구가 안 읽을 것 같기도 했고, '투자'를 주제로 한 책이기에 좀 더 대중적인 의견을 듣고 싶기도 했다.

친구는 별다른 반응을 보이지 않더니, 며칠 후 "투자법이 아니라 공부법에 관한 책인데?"라는 피드백을 보내왔다. 나는 내심 다행이다 싶었다. 내가 하고 싶었던 이야기를 정확히 짚어준 것 같아서.

누군가에게 투자는 확률일 것이고, 누군가에게는 모험일 것이다. 단순히 경험일 수도 있고 직업일 수도 있다. 나에게 투자란 '공부'다. 좋든 싫든 투자를 하려면 알아야 한다. 감이나 요령은 투자에 잠깐 존재할 수 있어도 지속가능하지는 않다.

나는 아침에 일어나면 밤 사이 있었던 뉴스와 미국 증시를 체크한다. 굵직한 사건이나 환율변화 등의 지표를 확인한다. 주도면밀하게까지는 아니어도 대략적으로나마 확인하는 편이다. 누구나 하는 일일 수 있겠으나 이 역시 의식적으로 하는 공부라면 공부다. 주말에는 평일에 읽지 못하고 넘어간 깊이 있는 기사나 컬럼을 정독한다. 물론 경우에 따라서는 책이나 다큐를 챙겨보는 것 역시 도움이 된다.

상대방의 입장이 되어 생각하거나, '나라면 하지 않았을 것들'을 상상하는 것도 공부의 영역이다. 경험을 좋아한다 해도 시간적, 물리적 제약상 모든 것을 다 해볼 수는 없다. 대신 생각에는 한계가 없다고 믿는다. 책이나 SNS를 통한 간접경험을 활용하는 이유다. 내가 저 기업이라면 과연 무엇을 필요로 할까? 내가 고객이라면 이런 서비스를 찾지 않을까? 이 브랜드의 주가는 왜 떨어졌고 왜 올랐을까? 이런 것을 의식적으로 생각하는 것 역시 공부의 영역이다.

투자에 이르기까지 생각의 흐름을 기록하며 복기하고, 실패에서 배워야 할 점을 꾸준히 적는 것도 공부의 일환이다. 와인을 마시는 사람들이 와인노트를 쓰는 것처럼, 개인 투자자라면 투자일기를 써보는 것이 큰 도움이 된다. 나 역시 하루 중 투자와 관련된 생각이 떠오를 때마다 메모 앱에 짤막하게 기록하고, 매일 밤그 기록들을 엮고, 관련해서 검색 및 공부를 하고, 살을 붙여 구글 닥스에 글로 남긴다. 개인 투자자의 경쟁력은 꾸준함에 있다. 꾸준함이란 변함없음을 의미하는 것이 아니라, 변함없이 노력하는 것이라던 누군가의 조언을 지금도 기억한다.

마지막으로 투자자에게는 가장 중요한, 마음을 다스리는 공부가 필요하다. 마케터라는 나의 직업에 도움이 된다 해도, 거액을 베팅하는 투자가 아니라 해도, 투자에 실패한 이상 속이 쓰리지 않은 사람은 없다. 나 역시 마찬가지다. 사실 운 좋은 기회를 놓쳤을 때속은 훨씬 더 쓰리다. 그럴수록 아쉬워하기보다 자신의 공부가 부족함을 탓하고 잊어버릴 수 있어야 현명한 투자자로 남는다.

게다가 투자를 공부라고 생각하는 건 어찌 보면 최고의 리스크 관리다. 투자 과정에서 경제적 손실을 입더라도 공부 과정에서의 경험과 지식은 늘 남는 법이니까.

살면서 즐거움을 만날 일이 점점 줄어드는 것 같다. 투자의 즐거움뿐 아니라 일의 즐거움, 무언가를 좋아서 공부할 때 따라오는 즐거움을 공감해주길 바라며 이 책을 썼다. '마케터의 공부법'이라는 친구의 피드백을 듣고 책이 나오기도 전부터 괜히 마음이 설렜던 이유일 것이다.

주註

1   민트 그린이 시그니처 컬러인 이탈리아 자전거 브랜드 비앙키Bianchi의
     인텐소Intenso라는 모델. 내가 머물렀던 밀라노에서 탄생한 브랜드라 더
     욱 마음에 들었다. 현재는 밀라노에서 기차로 50분 거리에 있는 베르가
     모로 공장이 이전했다. 베르가모도 방문을 추천하는 아름다운 북부 이
     탈리아의 중소 도시다.

2   바퀴가 작은 자전거. 주행성이나 안정성보다는 도심에서의 편의성을 고
     려한 자전거.

3   외부에서 자전거를 타지 못하는 겨울에는 라이더들의 동계훈련 장소가
     된다. 모든 운동이 그렇듯 자전거 역시 겨울 연습량이 다음 시즌의 퍼포
     먼스를 결정한다.

4   기기변경. 일반적으로 상위모델로의 업그레이드를 의미한다.

5   소비재 기업에 전문적으로 투자하는 것으로 유명한 TSG Consumer
     Partners.

6 피나렐로는 LVMH 소유의 사모펀드 L Catterton에 의해 인수되었다.

7 매거진 〈B〉 84호 라파 편을 참조할 것. 브랜딩 잡지인 매거진 〈B〉는 투자에 유용한 의외의 리서치 자료이기도 하다. 마케팅과 브랜딩은 역시 투자에 도움이 된다. 몹시 주관적인 주장이다.

8 월마트 상속자들의 RZC Investment.

9 실제 촬영은 일본 북부 홋카이도에서 이뤄졌다고 한다.

10 페달을 굴리는 실내사이클링 운동의 총칭.

11 실내에서 자전거를 탈 수 있도록 해주는 기구.

12 유튜브에서 검색하면 힙합듀오 '지누션'의 멤버 션의 즈위프트 플레이 영상이 가장 먼저 노출된다.

13 《트렌드 코리아 2021》 (김난도 외 지음, 미래의창) 참조.

14 《2021 트렌드 노트》 (정유라 외 지음, 북스톤) 참조.

15 임스체어라 부른다.

16 샤오미는 사업 초기 자체적인 기술 개발 대신 경쟁사들의 특허권을 침해하는 방식으로 사업을 해왔다.

17 중국 정부가 해킹 및 감청에 활용한다는 의혹.

18 명품 패션 브랜드 오프화이트의 설립자이자 프랑스 명품 업계 최초의 흑인 크리에이티브 디렉터.

19 한국 배달 업계 2위인 요기요는 딜리버리 히어로의 자회사다.

20 네이버는 배달의민족에 투자한 기존 주주였다.

21 Over the Top. 인터넷을 통해 보는 TV 서비스를 의미. 넷플릭스가 대표적이다.

22 CJ E&M의 자회사(지분율 51.92%)로 네이버(6.26%), 넷플릭스(4.9%) 등의 플랫폼 업체들 역시 주요 주주다.

23 《그로잉 업》 (홍성태 지음, 북스톤) 참조.

24 〈셰프의 테이블〉 시즌3 3부.

25 AI 학습에 데이터는 필수 요소다.

26 미국 증시에 기업이 상장될 때 부여되는 특정 코드로, 검색의 편의성을 위해 도입한다. 가령 애플은 AAPL, 아마존은 AMZN, 페이스북의 티커 는 FB다.

27 www.chosun.com/economy/tech_it/2021/02/06/Q6LYCMR63RB5 DATMYGRFYS3Y3M/

28 쉽게 말해 동시에 접속한 100명의 플레이어들이 무인도에 떨어져서 한 명이 남을 때까지 총싸움을 벌이는 게임.

29 www.hankyung.com/it/article/2020081636331

30 제조업에서는 상상도 못할 수치.

31 원제는《Reality is Broken》(2011). 여러 이론과 연구가 잘 녹아든 깊이 있는 책. 책을 읽기가 귀찮다면 제인 맥고니걸의 TED 강연 영상을 보는 것도 좋다.

32 자신의 문명을 선택하여 다른 문명과 경쟁하는 턴제 시뮬레이션 게임으 로 1991년 1편을 시작으로 현재 6편까지 출시된 상태다.

33 넥슨의 지주회사.

34 다음카카오는 게임 관련 자회사로 카카오게임즈를 보유하고 있다.

35 네이버와 분할 당시 게임 관련 사업부(구 한게임)를 NHN이 가져왔다.

36 장병규 의장은 20조~30조 원의 가치로 평가받고 있는 크래프톤 지분 17.4%를 보유하고 있다.

37 상장은 유니티 소프트웨어Unity Software라는 이름으로 했다.

38 Software as a Service. 일반적으로 클라우드 형태로 고객에게 제공되 는 소프트웨어를 의미한다.

39 Game as a Service.

40 대표적으로는 리니지, 라그나로크, 배틀그라운드, 파이널판타지, 포트나 이트 등이 있다.

41 Intellectual Property, 지적재산권.

42 현재는 매각되었다.

43 Limited Partners, 유한책임투자자. 펀드에 자금을 출자하지만 펀드 운 영에는 참여하지 않는 개인 혹은 기업 투자자를 의미한다.

44 www.thebell.co.kr/free/Content/ArticleView.asp?key=2020 10290828017620102725

45 Accelerated Processing Unit. CPU와 GPU의 통합 프로세서.